신문을 뚫고 나온 인권 운동가들

방과 후
인물 탐구
15

신문을 뚫고 나온
인권 운동가들

정종영 지음

테레사부터 말랄라까지
역사를 바꾼
히어로들

다른

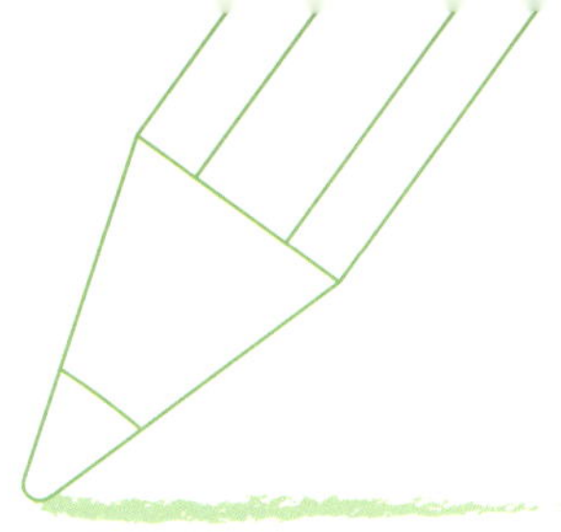

강한 신념으로
사람들을 자유의 길로 이끈

ENTJ

흑인 노예의 작은 영웅

해리엇 터브먼

1820~1913

인권 운동가, 스파이

미국 지폐에 들어가는 인물이 바뀔 예정이라는 거 알고 있나요? 2016년, 미국에서 화폐 유통을 담당하는 재무부는 20달러 지폐에 들어가는 인물을 17대 대통령 앤드루 존슨에서 흑인 여성 인권 운동가 해리엇 터브먼으로 바꾼다고 발표했어요. 이 계획은 여러 정권을 거치며 위기를 맞기도 했지만 현재 다시 정상적으로 추진되고 있어요. 만약 해리엇 터브먼이 20달러 지폐의 주인공이 되면, 미국 최초로 지폐에 들어간 흑인이자 여성으로 기록될 거예요.

　　20달러의 두 주인공, 앤드루 존슨과 해리엇 터브먼은 서로 정반대의 삶을 살았어요. 앤드루 존슨은 평생 10명이 넘는 노예를 소유했고, 노예 제도 폐지 이후에도 흑인에게 시민권을 부여하고 차별을 금지하는 법안을 거부한 인물이에요. 반대로 해리

2021년 공개된 미국 20달러 지폐

엇 터브먼은 노예로 태어나 노예 폐지 운동을 하며 수백 명의 노예를 탈출시켰고, 남북 전쟁 이후에는 여성 참정권 운동을 펼친 대표적인 흑인 여성 운동가예요.

화폐 속 인물은 그 나라의 역사와 시대 흐름을 반영해요. 20달러 지폐의 주인공이 앤드루 존슨에서 해리엇 터브먼으로 바뀐다는 것은 흑인 노예 역사를 바라보는 사람들의 인식이 많이 바뀌었다는 것을 의미해요.

그렇다면 해리엇 터브먼은 노예 해방을 위해 어떤 역할을 했을까요?

사람이 아닌 노예의 삶

해리엇 터브먼은 미국의 수도인 워싱턴과 가까운 메릴랜드주 도체스터 카운티에서 태어났어요. 어머니 해리엇 릿 그린은 부엌에서 일을 하는 노예였고 아버지 벤 로스는 목재소 노예였지요. 해리엇의 원래 이름은 아라민타였지만, 결혼 무렵 어머니의 이름을 따라가면서 해리엇 터브먼이 되었어요.

당시 노예의 삶은 매우 비참했어요. 매일 폭력에 시달렸고, 인간으로서 마땅히 받아야 할 대우도 받지 못했지요. 해리엇도 예외는 아니었어요.

해리엇이 겨우 5살이었을 때 주인은 해리엇에게 아이 보는 일을 맡겼어요. 그러고는 아이가 울 때마다 해리엇을 채찍으로 내리쳤지요. 5살인 해리엇보다 더 어렸으니 얼마나 자주 울었겠어요? 매일 아침 해리엇은 무자비한 채찍질을 견디며 하루를 시작해야 했어요.

어떤 날은 설탕 덩어리가 사라졌는데 해리엇을 범인으로 의심했어요. 채찍질이 무서웠던 해리엇은 집을 도망쳐 나와 이웃집 돼지우리에 숨었지요. 그곳에서 동물 사료를 먹으며 5일을 버텼지만, 결국 배고픔을 이기지 못하고 다시 주인이 있는 집으로 돌아가 심한 구타를 당했어요. 이 사건 이후 해리엇은 자기 몸을 지키기 위해 한 겹이라도 옷을 더 껴입는 버릇이 생겼어요. 하지만 얇은 옷은 주먹과 채찍을 막지 못했고 해리엇의 몸에는 늘 심한 상처가 생겼어요. 이 흉터는 평생 해리엇의 몸에 남아 있었지요.

후유증을 남긴 끔찍한 사고도 있었어요. 15살 때 상점에 물건을 가져다주러 가던 해리엇은 농장을 빠져나온 노예를 만났어요. 노예 감시원은 흑인 노예가 주인 허락 없이 외출한 것을 알고 해리엇에게 노예를 끌어내 묶으라고 명령했어요. 차마 그를 끌어낼 수 없었던 해리엇은 머뭇거렸고 그 사이 흑인 노예는 문으로 뛰어갔어요. 노예 감시원은 화를 참지 못하고 1킬로그램 정도의 묵직한 저울추를 집어던졌어요. 해리엇은 몸을 던져 흑인 노예를 막아섰지요. 저울추는 머리로 날아와 부딪혔고 해리엇은 정신을 잃고 쓰러졌어요. 이 사고로 머리뼈가 부서진 해리엇은 몇 달 동안 치료를 받아야 했고 평생 후유증에 시달렸어요. 뇌압이 올라갈 때 심한 두통에 괴로워했고, 발작을 일으키며 쓰러질 때도 많았지요.

당시, 노예는 사람이 아닌 상품으로 취급받았어요. 구매자들은 전시된 노예를 놓고 가격 흥정을 벌였지요. 노예를 산 사람은 자신의 소유임을 표시하기 위해 뜨거운 불에 달군 쇠로 노예의 가슴이나 어깨에 자기 이름의 첫 글자를 새겼어요.

19세기 초반의 미국은 농업을 중심으로 한 사회였어요. 시간이 흘러 미국 북부가 산업화하면서 공업 위주의 경제로 점점 바뀌었지만, 여전히 미국 남부는 농업 중심 사회를 유지했어요. 특히, 남부에서 많이 재배하는 목화에는 많은 노동력이 필요했

미국 남부 캐롤라이나 목화 농장의 어린 흑인 노예

어요. 그래서 미국 남부에는 노예가 많았고, 노예를 사고파는 행위도 활발하게 이루어졌어요. 반대로 미국 북부는 산업화가 빠르게 진행되면서 단순한 노동력보다 숙련된 기술자가 더 많이 필요했지요.

이런 상황에서 목화에서 씨를 분리해 주는 조면기가 발명되었고 목화 생산량은 획기적으로 늘었어요. 목화 농장은 서부까지 퍼져 나갔고, 목화 산업의 발달로 남부의 정치 세력이 커지자 북부는 위기감을 느끼고 노예 제도 폐지를 강력하게 주장했어요.

흑인 노예의 작은 영웅

미국 남부와 북부는 영국 식민지 시절부터 종교와 문화가 달랐어요. 시간이 지나면서 노예 제도에 찬성하는 남부와 반대하는 북부 사이 갈등은 정치적인 문제로 떠올랐고, 남부와 북부의 충돌은 점점 늘어 갔어요. 남북 전쟁 직전의 인구 조사를 보면, 미국 남부에는 약 390만 명이나 되는 흑인 노예가 있었다고 해요.

이별을 딛고 자유를 꿈꾸다

1844년, 해리엇은 해방 노예인 존 터브먼과 결혼해요. 당시 메릴랜드 동부 해안 지대에는 신분이 자유로운 해방 노예가 많았어요. 흑인 절반 정도가 자유인이었기 때문에 자유인과 노예가 섞여 사는 것은 드문 일이 아니었지요.

지식 더하기

해방 노예

1800년대 중반에는 해방 노예가 전체 흑인의 절반에 가까웠다. 미국의 독립 전쟁에 군인으로 참전하여 스스로 자유인 신분을 얻거나, 일부 주나 기독교에서 노예를 자유인으로 풀어 주는 것을 권했기 때문이다.

어느 날, 해리엇은 이상한 소문을 들었어요. 해리엇과 자기 형제 두 명이 남쪽 농장의 일꾼으로 팔려 갈 거라는 소문이었지요. 해리엇은 형제자매가 많았고, 가족과 이별하기 싫었어요. 그러던 중 변호사가 보낸 편지가 해리엇에게 도착해요.

편지에는 얼마 전 해리엇이 변호사에게 찾아 달라고 부탁한 어머니 릿의 주인이 남긴 유언장 내용이 담겨 있었어요. 사실 해리엇이 변호사에게 이 부탁을 한 것은 처음이 아니었어요. 예전에 변호사는 60년 전 기록까지 찾아봤지만, 유언장이 나오지 않았다고 했거든요. 하지만 해리엇은 포기하지 않고 이전 기록까지 더 찾아봐 달라고 요청했어요. 결국 변호사는 65년 전 기록에서 유언장을 발견하고 해리엇에게 편지를 보낸 거였어요. 해리엇은 떨리는 마음으로 편지를 읽어 내려가기 시작했어요.

노예 해리엇 릿 그린을 메리 패터슨에게 상속하고, 릿이 45세가 될 때까지 손녀와 가족을 위해 일하도록 한다.

해리엇은 편지를 읽고 깜짝 놀랐어요. 유언장에 적힌 주인의 손녀 메리 패터슨은 이미 세상을 떠났거든요. 손녀가 죽었을 때 릿을 어떻게 한다는 내용이 없으니 해리엇의 어머니는 노예에서 해방되는 것이 옳았지요. 하지만 아무도 이 사실을 알려 주지 않았던 거예요. 유언장대로라면 릿뿐 아니라 해리엇 자신도 노예가 아닌 자유인이었어요. 그러나 해리엇의 주인은 이 사실을 알고도 해리엇을 풀어 주지 않았고, 오히려 가족들까지 팔아 넘길 궁리만 했어요.

해리엇은 고민했어요. 어차피 가족과 이별해야 한다면 노예 신분에서 벗어나 한 번이라도 자유롭게 살아 보고 싶었어요. 지금 사는 메릴랜드에서는 불가능했지만, 펜실베이니아는 노예 제도가 폐지되어 누구든 자유롭게 살 수 있었거든요.

해리엇은 한참을 고민하다가 뭔가 결심이라도 한 듯 주먹을 꽉 쥐었어요.

'내가 선택할 수 있는 권리는 둘 중 하나야. 자유 아니면 죽음! 누구도 나를 산 채로 잡아가지 못할 거야. 나는 힘이 남아 있는 한 자유를 위해 끝까지 싸우겠어.'

해리엇은 이렇게 마음먹고, 탈출을 결심했어요. 남편에게 펜실베이니아로 같이 가자고 이야기했지만, 남편은 제안을 거절했어요. 가족뿐 아니라 남편과도 헤어져야 하는 상황이었지만 해리엇은 자유를 향한 열망을 포기하지 않았어요.

1849년, 해리엇은 남동생 벤과 해리를 데리고 탈출을 시도했어요. 얼마 지나지 않아 지역 신문에는 현상 공고가 실렸지요. 해리엇과 두 동생을 잡아 오는 사람에게 300달러의 상금을 준다는 내용이었어요. 이걸 본 동생 둘은 겁을 먹고 농장으로 돌아갔지만, 해리엇은 혼자 메릴랜드를 벗어나 펜실베이니아로 향했어요.

해리엇은 홀로 약 145킬로미터에 달하는 험난할 길을 걸었

THREE HUNDRED DOLLARS REWARD.

RANAWAY from the subscriber on Monday the 17th ult., three negroes, named as follows: HARRY, aged about 19 years, has on one side of his neck a wen, just under the ear, he is of a dark chestnut color, about 5 feet 8 or 9 inches hight; BEN, aged aged about 25 years, is very quick to speak when spoken to, he is of a chestnut color, about six feet high; MINTY, aged about 27 years, is of a chestnut color, fine looking, and about 5 feet high. One hundred dollars reward will be given for each of the above named negroes, if taken out of the State, and $50 each if taken in the State. They must be lodged in Baltimore, Easton or Cambridge Jail, in Maryland.

ELIZA ANN BRODESS,
Near Bucktown, Dorchester county, Md.
Oct. 3d, 1849.

The Delaware Gazette will please copy the above three weeks, and charge this office.

신문에 실린 해리엇의 현상금 공고

어요. 사람들에게 들킬까 봐 밤에 이동했고, 낮에는 숨어 있었지요. 몇 차례 위기가 있었지만, 몇몇 사람의 도움을 받아 무사히 주 경계선을 넘을 수 있었어요.

노예 탈출 비밀 프로젝트 '지하철도'

해리엇은 필라델피아에 도착해 가정부 일을 했어요. 예전에 살던 도체스터에 비하면 편안하고 안전한 곳이었지요. 하지만 해리엇은 편안한 삶에 머물러 있을 수 없었어요. 남부에 남아 있는 동료들 걱정에 잠을 이룰 수 없었거든요.

해리엇은 '지하철도' 조직의 도움을 받아 노예를 탈출시키기로 마음먹었어요. 지하철도는 흑인 노예를 탈출시키기 위한 비밀 경로와 그들을 숨겨 줄 장소인 안전 가옥으로 이루어진 비밀 조직이에요. 정확한 경로는 아직까지도 모두 드러나지 않았지만, 자유 흑인, 백인 노예 폐지론자, 진보적 기독교인이 자발적으로 조직을 짜서 흑인 노예의 탈출을 도왔어요.

지하철도 조직은 철도 용어를 빌려 대화 중에도 은어를 사용했어요. 해리엇은 조직에서 '차장'으로 불렸어요. 안내자인 '차장'은 비밀 경로인 '노선'을 따라 안전 가옥인 '역'을 거쳐 목적지까지 안전하게 노예들의 탈출을 도왔지요.

해리엇은 한 번에 몇 명씩 노예를 모아 메릴랜드 밖으로 데리고 나왔고 결국 자신의 부모와 형제자매도 탈출시켰어요. 탈출은 조용한 밤에 이뤄졌고, 최소 5일에서 최대 3주까지 걸리는 위험하고 고된 여정이었어요. 탈출 작업은 오래 이어졌지만, 탈출을 이끄는 주동자가 왜소한 흑인 여성인 해리엇 터브먼이라는 사실은 아무도 몰랐어요.

해리엇의 도움으로 탈출하는 노예가 점점 늘어나면서 그에게는 '흑인들의 모세'라는 별명이 붙었어요. 흑인 노예를 남부에서 데려오는 모습이 모세가 이집트에서 이스라엘 민족을 데리고 탈출한 것과 비슷했기 때문이었지요. 탈출하는 노예가 늘어날수록 해리엇의 현상금은 점점 올라갔어요.

미국 남부에서 노예 탈출이 늘어난다는 건 노동력이 줄어든다는 뜻이었어요. 1808년, 연방법에 따라 아프리카에서 노예를 수입하는 것이 금지되었기 때문에 미국 남부에서 흑인 노예는 매우 중요한 노동력이었지요. 그래서 남부 지역에서는 노예가 도망가지 못하게 오후 8시 이후 노예의 외출을 금지하는 통행 금지령을 내렸어요.

이런 조치로 인해 북부에서는 이상한 일이 벌어지기도 했어요. 미국 북부에서 노예가 아닌 흑인을 납치해서 남부로 팔아넘기는 일이 종종 발생했던 거예요. 노예 수입을 하다가 걸리면 비싼 벌금을 내야 하고, 동시에 노예 탈출이 증가했기 때문에 노예의 값은 점점 올라갈 수밖에 없었어요.

대탈출을 이끈 주인공

시간이 지날수록 더 많은 노예가 탈출했어요. 주인은 노예가 도망가다가 잡히면 채찍으로 때리고 목에 족쇄를 채웠어요. 인두를 벌겋게 달궈 몸을 지지는 일도 있었지요. 도망가지 못하게 몸에 방울을 달고, 남자는 거세까지 하는 등 노예를 대하는 태도는 더욱 혹독해졌어요.

그래도 도망치는 노예는 줄어들지 않았어요. 1850년, 남부에서는 노예 제도가 폐지된 곳에서 노예가 잡히더라도 주인에게 바로 돌려보내는 법을 만들자고 주장했어요. 미국 남부는 어떻게 해서라도 노예 제도를 유지하려고 노력했고, 반대로 북부는 노예 제도 폐지를 주장했어요. 결국 같은 해 미국 의회에서 '도망노예송환법'이 통과되었어요. 이 법이 생기면서 메이슨딕슨선 북쪽에서도 도망 노예를 발견하는 즉시 주인에게 보내야 하는 상황이 되어 버렸어요.

지식 더하기 ⊗ ⊖ ⤢

메이슨딕슨선

미국 펜실베이니아, 메릴랜드, 버지니아 세 주의 경계선이다. 19세기에는 노예가 있는 주와 없는 주를 가르는 경계선이었지만, 노예 제도가 폐지된 이후에는 남부와 북부를 나누는 상징적인 경계선이 되었다.

도망노예송환법으로 해리엇의 노예 탈출은 더 어려워졌어요. 지금까지는 메이슨딕슨선만 넘으면 되었지만, 이제는 북부 지역도 안심할 수 없었거든요. 해리엇은 노예 제도가 없는 캐나다로 목적지를 바꾸었어요.

해리엇은 노예에서 벗어난 뒤 12년 동안, 20번가량 남부를 오가며 300명 이상의 노예를 탈출시켰어요. 밤에 이동하면서 지하철도 조직과 암호로 소통했고 식량을 아껴 가며 북쪽으로 이동했지요. 해리엇의 삶에는 늘 그런 위태로움이 도사리고 있었어요. 하지만 그런 가운데 가끔 기적 같은 일이 일어나기도 했어요.

3월의 추운 어느 날, 도망치던 해리엇 일행은 강어귀에 다다랐어요. 강물은 깊이를 가늠할 수 없을 만큼 탁했지요. 더 이상 물러날 곳이 없는 상황에서 해리엇은 두 손을 모아 기도했어요. 그러고는 확신에 차서 강으로 들어갔지요. 물은 해리엇을 집어삼킬 듯 위태롭게 겨드랑이에서 찰랑거렸어요. 하지만 해리엇의 발걸음에는 주저함이 없었어요. 키가 150센티미터 정도밖에 안되는 해리엇이 기적처럼 강을 건너자 모두 그를 따라 안전하게 탈출할 수 있었어요.

자유를 향한 싸움, 남북 전쟁

1860년, 미국 대통령 선거에서 링컨이 당선되면서 미국 남부가 발칵 뒤집혔어요. 링컨은 노예 제도를 반대하는 인물이기 때문이었지요. 미국 남부 7개 주는 링컨을 대통령으로 인정하지 않으며 미연방을 탈퇴하고 남북 전쟁을 일으켰어요.

남북 전쟁이 일어나자, 해리엇은 노예 제도를 반대하는 북군에 합류했어요. 요리사와 간호사로 일했고, 첩보 조직을 만들어 남군의 이동과 보급로에 대한 정보를 알아내기도 했어요. 또

링컨 대통령이 발표한 노예 해방 선언문

한 해방 노예를 모아 북군 흑인 부대를 만드는 데도 도움을 주었어요.

남북 전쟁 중 링컨은 노예 해방을 선포했어요. 1861년 4월에 시작한 전쟁은 1865년 4월이 되어서야 끝이 났어요. 치열한 전투에서 승리한 건 북군이었어요.

남북 전쟁의 승리는 완전한 노예 해방을 의미했어요. 하지만 현실은 그렇지 않았지요. 흑인 노예는 여전히 차별 대우를 받았어요. 흑인 노예에 대한 백인의 뿌리 깊은 편견 때문이었어요. 특히, 남부 지역에서는 여전히 백인 우월주의가 심했고, 흑인을 공격하는 단체인 KKK^{Ku Klux Klan}가 생겨나기도 했어요.

KKK에 소속된 사람들은 떼로 모여 다니며 잔인한 방법으로 흑인을 공격하는 일을 일삼았어요.

법적으로도 흑인들은 충분히 보호받지 못했어요. 남부 일부 주에서 시행된 '짐크로법'은 화장실, 식수대, 출입구 등 공공시설에서 백인과 유색인을 분리하는 내용을 담고 있었어요. 흑인 노예는 완전한 해방이 이뤄진 후에도 긴 시간 동안 사회의 노골적인 차별을 견뎌야 했어요.

여성 투표권을 향한 외침

남북 전쟁이 끝나고, 해리엇은 뉴욕주 오번에 집을 지어 하숙집을 운영했어요. 그리고 과거 노예 출신으로 북군에서 복무한 20살 연하의 넬슨 데이비스와 재혼했지요. 해리엇은 여전히 어려운 사람을 돕는 데 앞장섰어요. 열심히 돈을 모아 1896년에는 노예 출신 흑인을 위한 요양 시설인 '해리엇 터브먼 홈'을 세웠어요.

해리엇은 흑인뿐 아니라 여성의 인권 향상을 위해서도 노력했어요. 당시 미국 여성은 정치에 참여할 수 있는 권리인 참정권이 없어 투표를 할 수 없었어요. 곳곳에서 여성 투표권을 요구하는 캠페인이 활발히 벌어졌어요. 미국의 여성 운동가 수전 B. 앤서니가 제일 먼저 여성 참정권 요구를 위한 활동을 시작했고, 해리엇은 수전을 도와 미국 북동부 지역을 함께 돌아다니며 활동했지요.

해리엇 터브먼은 많은 언론의 관심을 받았고, 뉴욕, 보스턴, 워싱턴 등 곳곳을 돌아다니며 여성 투표권 쟁취를 위한 연설을 했어요. 해리엇의 이름은 그렇게 널리 알려졌지만 그녀는 여전히 가난했어요. 어려운 사람을 돕는 데 돈을 아끼지 않았기 때문이에요. 당시 해리엇은 기념행사에 가기 위해 키우던 소를 팔아 경비를 마련했을 정도였어요.

해리엇은 어렸을 때 다친 머리 때문에 늘 통증에 시달렸어요. 치료를 위해 뇌 수술까지 받았지만, 건강은 계속 나빠졌지요.

2015년, 콜롬비아주에 개관한 해리엇 터브먼 문화 센터

결국 그녀는 1911년, 91세의 나이로 자신의 이름을 딴 요양원에 들어갔어요. 그리고 2년 후 폐렴으로 병원에서 숨을 거두었어요. 해리엇의 장례는 그간의 업적을 인정받아 군 장례로 치러졌어요.

해리엇이 세상을 떠난 후 그녀의 이름은 다양한 방법으로 기억되고 있어요. 미국 전역에는 해리엇의 이름이 붙은 학교나 건물들이 세워졌고, 1944년 미군에서는 새로 만든 함선의 이름을 '해리엇 터브먼'으로 지었어요. 이는 미군 역사상 처음으로 함선에 흑인 여성의 이름을 붙인 사례로 남게 되었지요. 2014년에는 새롭게 발견한 소행성에 해리엇의 이름이 붙기도 했어요.

해리엇 터브먼은 왜소한 여성이었지만 매우 큰 유산을 남겼어요. 흑인 노예 인권을 위해 삶을 바친 그의 정신은 현재 미국의 흑인 인권 운동으로까지 이어져 여전히 많은 사람의 삶을 변화시키고 있어요.

해리엇 터브먼

한국에서 일어나는
인종 차별의 현실

한국의 전체 인구 중 외국인이 차지하는 비율은 얼마나 될까요? 2024년 기준으로 5퍼센트가 넘는다고 해요. 20명 중 1명 꼴로 외국인인 셈이지요. '단일 민족 사회'로 불리던 한국이 이제는 다양한 인종과 문화가 공존하는 '다문화 사회'로 돌입한 거예요.

하지만 여전히 한국은 인종 차별이 심한 국가로 평가받아요. 미국 〈U.S. 뉴스&월드 리포트〉가 2023년에 발표한 '인종 차별 국가 순위'에서 대한민국은 79개국 가운데 9위를 기록했어요. 경제 협력 개발 기구인 OECD 국가 중 10위권 안에 이름을 올린 나라는 한국이 유일했지요.

국내에서 조사한 자료에도 인종 차별의 흔적은 선명해요. 고용 노동부에서 조사한 통계에 따르면 노동자에게 제대로 임금을 지불하지 않거나, 일터에서 노동자가 다치는 산업 재해 비율이 내국인에 비해 외국인이 압도적으로 높았어요.

통계 바깥의 일상도 별반 다르지 않아요. 인종이 다르다는 이유로 학교나 공공장소에서 차별을 당하거나, TV나 인터넷 방송 등에서 특정 인종을 개그 소재로 사용하는 경우를 흔히 목격할 수 있어요.

인종 차별은 개인만의 문제가 아니라 사회 전체가 서로 믿고 함께 사는 걸 어렵게 만드는 심각한 문제예요. 외국인 노동자가 임금을 제대로 받고 안전하고 올바른 환경에서 일할 수 있도록 법으로 지켜야 해요. 학교에서도 인종이 다르다는 이유로 차별이 생기지 않도록 다문화에 대해 배우는 교육을 더 많이 해야겠지요. 무엇보다 중요한 건, 우리 사회가 서로 다름을 이해하고 차별적인 말을 쓰지 않도록 조심하는 시민 의식을 갖춰야 한다는 점이에요.

모두가 존중받는 사회, 이것이 진정한 대한민국의 미래가 될 수 있도록 모두가 노력해야 할 때예요.

보이지 않는 이들의 세계를
점자라는 빛으로 밝힌

INTJ

시각 장애인의
손에 눈을 달다

루이 브라유

1809~1852

교사, 발명가

길을 걷다가 올록볼록한 노란색 보도블록을 본 적 있나요? 노란색 보도블록의 정확한 명칭은 '점자 블록'이에요. 시각 장애인이 올록볼록 튀어나온 곳을 발로 밟으면서 손으로 점자를 읽듯 위치와 방향을 알 수 있도록 한 거지요.

점자 블록은 안에 36개의 점이 있는 점형 블록과 4개의 기다란 선이 있는 선형 블록으로 나뉘어요. 점형 블록은 갈림길이나 위험물이 앞에 있다는 것을 알려 주고, 선형 블록은 길의 방향을 알려 주지요.

점자 블록뿐 아니라 계단, 복도, 화장실 같은 곳에 있는 점자 표지판이나 지하철역, 버스 정류장 같은 대중교통 시설에 있는 음성 안내 장치 모두 시각 장애인을 위한 것이에요.

시각 장애인은 이런 편의 시설이 있어서 조금 더 편하고 안

선형 블록과 점형 블록

전하게 이동할 수 있어요. 게다가 요즘은 다양한 보조 기기도 개발되어 시각 장애인이 더 많은 책을 읽고 쓸 수 있게 되었어요.

그런데 200년 전만 하더라도 시각 장애인이 글을 읽고 쓰는 게 거의 불가능했다는 거 알고 있나요? 최초의 점자가 탄생한 유럽, 시각 장애인의 삶을 바꾼 루이 브라유의 삶을 따라가 봅시다.

수업을 통째로 외운 천재

'점자의 아버지'라 불리는 루이 브라유는 시각 장애인을 가르치는 특수 교사이면서 본인도 앞을 보지 못하는 시각 장애인이었어요. 사실 그가 태어날 때부터 앞을 보지 못했던 건 아니에요.

1809년, 루이 브라유는 프랑스의 쿠브레라는 작은 마을에서 태어났어요. 루이의 아버지는 가죽으로 말의 안장을 만드는 일을 했지요. 그래서 어린 시절부터 아버지의 가죽 공방에서 자주 시간을 보냈어요.

3살이 되던 무렵, 루이는 아버지의 공방에서 놀다가 실수로 가죽을 뚫는 송곳에 눈을 찔리는 사고를 당해요. 송곳에 찔린 눈은 손 쓸 새 없이 멀어 버렸고, 한쪽 눈에 생긴 감염은 오른쪽 눈까지 번져 앞을 보지 못하게 되었어요.

시각을 잃었지만 부모님은 루이를 장애인이 아닌 다른 형제와 똑같이 대했어요. '앞을 보지 못하는 아들에게 너무한 거 아닌가?'라는 생각이 들 수 있지만, 루이가 스스로 세상을 살아 나갈 힘을 길러 주기 위해서였어요.

당시 19세기 프랑스는 시각 장애인이 살기 어려운 곳이었어요. 대부분의 시각 장애인은 학교에 다니지 못했고, 글이나 기술을 배우지 못해 무거운 짐을 끌거나 공장에서 석탄을 퍼 담는 등의 힘든 일을 할 수밖에 없었거든요. 이런 일마저 구하지 못한 시각 장애인은 이곳저곳 떠돌아다니며 쓰레기를 뒤지거나, 길거리에서 잠을 자며 어렵게 살아가기도 했어요.

루이 브라유의 부모님은 아들이 시대의 차별을 이겨 내고 스스로 삶을 개척하길 바랐어요. 아버지는 가죽을 손질하고 장식을 만드는 기술을 가르쳤고, 어머니는 요리와 설거지처럼 일상생활에 꼭 필요한 일을 가르쳤지요. 그 덕분에 루이는 시각 장애인이었지만 자존감을 가지고 당당하게 자랄 수 있었어요.

하루는 지역 성당에 새로 취임한 자크 피뤼 신부가 루이의 집에 방문했어요. 그는 시각 장애인이라 교육을 받지 못한다는 사정을 듣고 루이가 일반 학교에서 교육받을 수 있도록 도와주었어요.

일반 학교에 들어간 루이는 앞을 볼 수 없어서 교과서를 읽지 못했어요. 같은 반 친구들이 교과서를 보며 수업을 받을 동안 루이가 할 수 있는 거라곤 선생님의 목소리를 귀로 듣는 것뿐이었지요.

그러나 루이는 포기하지 않았어요. 볼 수 없다면 더 열심히 듣겠다는 마음가짐으로 수업 내용을 아예 통째로 외워 버렸지요. 이런 루이의 뛰어난 지적 능력을 아깝게 여겼던 자크 피뤼 신부는 당시 유일한 시각 장애인 특수 학교였던 '왕립 시각 장애 아동 학교'에 추천서를 써 주어 루이가 제대로 된 교육을 받도록 다시 한번 도왔어요.

최초의 시각 장애인 특수 학교

왕립 시각 장애 아동 학교를 세운 사람은 발랑탱 아우이예요. 그는 프랑스의 교육자로 최초의 시각 장애인 특수 학교를 세웠고, 초기 점자인 돋을새김 문자를 고안했지요. 아우이는 제대로 된 직업을 갖지 못하고 힘들게 살아가는 시각 장애인의 현실을 보며 안타까워했어요. 시각 장애인이 사람답게 대우받으며 살기 위해 무엇이 필요한지 수없이 고민했지요. 그러다가 맹인 피아니스트인 폰 파라디를 만납니다.

폰 파라디는 시각 장애인이지만 글자를 읽고 쓸 수 있는 특별한 사람이었어요. 아우이는 그에게 글을 어떻게 배웠는지 알려 달라고 부탁했어요. 그러자 그는 당시 종이처럼 쓰던 양가죽을 얇게 편 낡은 양피지를 가져와 보여 주었지요. 아우이는 조심스럽게 양피지를 만져 보았어요. 양피지에는 알파벳이 오돌토돌한 양각으로 새겨져 있었어요. 파라디는 어릴 때부터 양각으로 새겨진 글자를 손끝으로 더듬거리며 알파벳을 배웠던 거예요.

아우이는 파라디의 이야기를 들으면서 자신감을 얻고 1785년에 프랑스 최초의 시각 장애인을 위한 학교인 '시각 장애 청소년 연구소'를 세워요. 이 학교에서는 시각 장애인도 일반인과 똑같이 공부할 수 있었어요. 시각 장애인에게 글을 가르치고, 지리, 역사, 수학, 음악, 기술 등의 수업을 했지요. 또한 스스로 자립할 수 있도록 실을 뽑아서 천을 짜는 일이나 나무로 가구를 만드는 일과 같이 손으로 할 수 있는 직업 훈련도 시켰어요. 시간이 흐르면서 이 연구소는 루이 16세의 지원을 받아 '왕립 시각 장애 아동 학교'가 되었어요.

만지는 글자를 꿈꾸다

루이 브라유는 1819년, 10살의 나이로 왕립 시각 장애 아동 학교에 들어갔어요. 학교에는 90명의 시각 장애 학생이 있었고, 5층 건물에는 그들을 위한 교실, 식당, 도서관, 휴게실, 작업장, 음악실, 기숙사 등이 있었지요. 이 학교에서는 발랑탱 아우이가 만든 돋을새김 문자로 학생을 가르쳤어요. 돋을새김 문자는 시각 장애인이 직접 글을 읽을 수 있는 최초의 문자였어요.

루이는 열심히 공부했고, 모든 과목에서 우수한 성적을 받았어요. 게다가 첼로, 피아노 연주에도 재능이 있었지요. 그중에서 루이가 가장 관심을 가졌던 건 돋을새김 문자였어요. 문자를 익히면 책을 읽을 수 있기 때문이었지요. 하지만 돋을새김 문자를 배우면서 가졌던 기대는 시간이 갈수록 점점 실망으로 바뀌었어요.

돋을새김 문자는 일반 글자와 모양은 같았지만, 글자의 크기가 매우 컸어요. 종이 위에 불룩 솟아 있는 큰 글자를 손끝으로 더듬어 파악하는 데 시간이 오래 걸렸지요. 게다가 단어를 연결해서 문장을 이해해야 하므로 한 페이지를 읽는 데 많은 시간이 걸렸어요.

　　어떤 때는 시간이 너무 오래 걸려 책을 읽다가 앞의 내용을 잊어버리는 때도 있었지요. 또한 돋을새김 문자는 비슷한 글자를 구분하기 어려웠어요. 특히, Q와 O, R과 B, I와 T, O와 C 같은 글자는 몇 번을 확인해야 겨우 구분할 수 있었어요. 그 때문에 돋을새김 문자로 책을 만드는 과정은 아주 까다롭고 돈도 많이 들었어요. 학교 도서관에는 책이 14권밖에 없었고, 그마저도 종교나 기술에 관한 책뿐이었지요.

　　돋을새김 문자에 대한 실망이 커질 무렵, 샤를 바르비에라는 퇴임 장교가 학교를 찾아왔어요. 그는 자신이 군대에서 만든 문자를 소개하며 그것이 시각 장애인에게 도움이 될 것이라고 말했어요. 바르비에가 만든 문자는 야간에 불을 켜지 않고 촉각으로 소통할 수 있는 문자였어요. 전쟁터에서 한밤중에 지령이 적힌 쪽지를 읽기 위해 등불을 켰다가 죽는 병사를 보고 그가 직접 고안한 것이었지요.

　　바르비에의 야간 문자는 총 12개의 볼록한 점이 한 칸을 이루어 칸 안에 있는 점의 조합으로 글자나 음절을 나타내는 방식이었어요. 12개의 점을 여러 가지 모양으로 배열하면 수많은 소리를 표현할 수 있었고, 손가락으로 볼록 튀어나온 점을 만져서 쉽게 글자를 파악할 수 있었지요. 이 문자 덕분에 전쟁터의 지휘

돋을새김 문자로 만든 책

관은 한밤중에도 '전진', '후퇴' 같은 명령을 정확하고 안전하게 전달할 수 있었어요.

루이 브라유는 야간 문자가 글자를 작은 점으로 간단히 표현할 수 있다는 것에 놀랐어요. 사람들이 눈으로 보는 문자를 그대로 옮긴 돋을새김 문자에 비해 훨씬 시각 장애인에게 필요한 형태의 문자였던 거예요.

하지만 루이는 동시에 야간 문자에 분명한 한계가 있다는 것도 알게 되었어요. 야간 문자는 군대에서 사용하는 간단한 명령어를 위해 만들어졌기 때문에 긴 문장에는 적합하지 않았어요.

게다가 쉼표, 마침표, 느낌표 같은 문장 부호는 표현할 수 없었고, 여러 가지 소리를 표현하기 위해 수백 개의 점을 찍어야 하는 불편함도 있었어요. 하지만 루이는 야간 문자를 통해 시각 장애인을 위한 문자에 희망을 품게 되지요.

점자의 탄생

루이 브라유는 자신이 직접 점자를 만들어 보기로 결심해요. 야간 문자처럼 점을 조합하면 글을 만들 수 있다고 생각했기 때문이에요.

루이는 시간이 날 때마다 연구에 몰입했어요. 프랑스어는 소리 종류가 다양해 점 몇 개로 단순한 문자를 만들기 어려웠어요. 하지만 포기하지 않았지요. 그러던 어느 날, 알파벳을 보고 점 몇 개로 26가지 문자를 표현할 수 있다는 것을 깨달았어요. 6개로 이루어진 칸을 만들고, 칸 안에 송곳으로 점을 채워 가며 점자를 만들었지요. 결과는 대성공이었어요. 1825년, 겨우 15살이었던 루이는 자신의 눈을 멀게 만든 송곳으로 시각 장애인을 위한 새로운 점자를 만들어 냈어요.

루이는 점자 기록에 필요한 필기도구인 점필과 점판을 이용해 자신이 만든 문자를 종이에 기록해 친구들에게 보여 주었어요. 이 새로운 점자는 쓰기도 쉽고 읽기도 편했기 때문에 누구

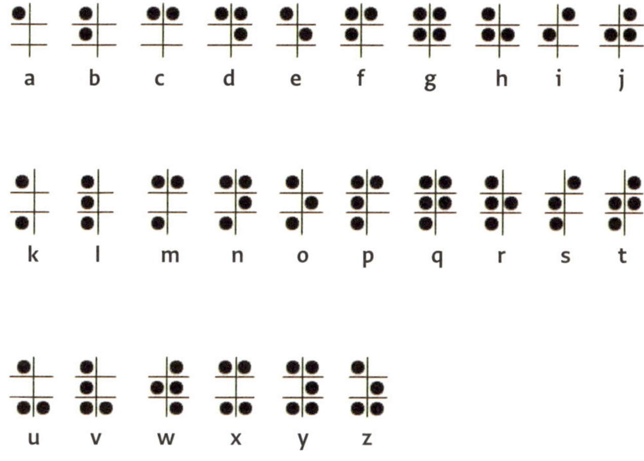

루이 브라유가 새롭게 만든 점자표

나 빠르게 배울 수 있었어요.

　루이 브라유가 만든 점자는 26개의 알파벳을 6개의 점으로 표시하는 방식이에요. 6개의 점자는 세로 2열, 가로 3행 형태이고, 각각의 점을 '셀'이라고 해요. 셀에는 번호가 매겨져 있어 어디에 점을 찍느냐에 따라 글자가 정해져요. 1열 1행 자리에 점을 찍으면 a, 1열 1행과 2행에 점을 찍으면 b를 의미해요. 이런 방법으로 6개의 점을 다양하게 배열하면 26개의 알파벳을 표현할 수 있었지요. 이뿐 아니라 루이의 점자는 숫자, 문장 부호, 음표, 수학 기호 등도 표시할 수 있었어요.

　루이 브라유의 점자는 빠르게 퍼져 나갔어요. 알파벳을 6개

루이 브라유

의 점으로 표기했기 때문에 누구나 빠르게 글자를 쓰고 읽을 수 있었기 때문이에요.

루이는 점자를 완성한 뒤, 수학과 음악을 표현할 수 있는 점 사까지 만들었어요. 자신이 만든 점자를 많은 사람에게 알리기 위해 점자로 책을 출간하기도 했지요. 루이뿐 아니라 왕립 시각 장애 아동 학교 교장인 피니에도 점자를 알리기 위해 수없이 노력했어요. 유명 인사와 재력가에게 편지를 보내 점자를 널리 보급할 수 있도록 후원해 달라고 요청하기까지 했지요. 하지만 그들을 돕는 사람은 아무도 없었어요.

1825년, 루이 브라유는 17세가 되면서 자신이 다니던 학교의 교사가 되었어요. 그는 아이들을 가르치면서 시간이 날 때마다 점자를 연구했어요. 점자를 찍을 수 있는 점판을 만들고, 자신이 만든 점자로 시각 장애인이 볼 수 있는 책도 만들었지요. 또, 수학 기호와 음악 기호를 표현할 수 있게 점자를 더 발전시키기도 했어요.

1834년에는 자신이 만든 점자를 소개하는 책을 발간했어요. 피니에 교장은 루이가 만든 책을 학교 후원자에게 보내 지원을 간절히 요청했지요. 하지만 아무도 새로운 점자에 관심을 가지지 않았어요.

그럼에도 루이는 꾸준히 자신이 만든 점자를 보완하고 발전시켰어요. 시각 장애인이 악기를 배우고 연주하는 것이 감각 능력을 키우는 데 도움이 된다는 것을 알고 점자 악보도 만들었지요.

점자 악보는 기존 점자와 비슷한 원리로 만들었어요. 알파벳 d부터 j까지를 활용해 점자 음표의 기본형인 팔분음표를 표현했고 점형을 변화시켜 사분음표, 이분음표, 온음표 등을 표현하고, 쉼표, 길표, 박자, 스타카토, 악센트 등도 모두 표기했지요.

기존 점자와 달리, 점자 악보는 만들자마자 맹인을 위한 악보로 인정받고 공식적으로 채택되었어요. 자신감을 얻은 루이는 점자 악보를 소개하는 책을 출간해서 점자를 알리기 위해 노력했어요. 하지만 폐결핵이 발목을 잡았지요. 매일 밤낮을 가리지 않고 무리해서 점자 개발에 매달리다 몸이 망가진 거였어요. 당시 폐결핵은 치료가 굉장히 어려운 병이었어요. 제대로 챙겨 먹고, 충분히 쉬는 것 외에는 다른 치료 방법이 없었지요. 결국 루이는 부모님이 계시는 고향으로 내려갔어요. 다행히 그는 고향에서 기적적으로 건강을 회복했고 몇 달 만에 학교로 돌아올 수 있었어요.

루이는 다시 점자 보급을 위해 사방으로 뛰어다녔어요. 피니에 교장도 그를 적극적으로 도왔지요. 하지만 1840년, 피니에 교장이 은퇴하면서 루이의 점자는 위기를 맞아요. 새로 바뀐 뒤

포 교장이 점자는 문자로서의 가치가 없다고 말하며 점자와 점
필 사용을 금지했기 때문이에요.

하지만 학생들은 루이의 점자를 몰래 사용했어요. 돋을새김
문자보다 읽기 편했고, 특히 점필로 의사소통을 할 수 있기 때문
이었지요. 동료 교사였던 조제프 가데는 학생들이 루이 점자로
소통하는 것을 보고 뒤포 교장을 찾아가 루이 점자가 왜 필요한
지 설명했어요.

가데의 끈질긴 설득 끝에 교장은 루이의 점자가 시각 장
애인에게 필요하다는 걸 인정하고 세상에 알리기로 결정해요.
1844년, 왕립 시각 장애 아동 학교 신축 건물 개관식장에서 루이
는 참석한 사람들에게 점자를 소개할 기회를 얻었고, 이것은 루
이의 점자가 널리 퍼지는 계기가 되어요.

손끝에서 빛나는 별이 되다

1852년, 루이는 폐결핵으로 고생을 하다가 43살의 나이로
세상을 떠나요. 루이가 만든 점자는 그가 죽고 2년이 지나서야
왕립 시각 장애 아동 학교의 공식 문자로 인정받았어요. '브라유
점자'는 시각 장애인이 쉽게 배울 수 있어 빠르게 전파되었고, 많
은 나라에서 시각 장애인을 위한 점자로 사용하게 되었어요.

브라유 점자가 널리 사용되면서 시각 장애인의 삶도 달라

졌어요. 그동안 교육을 받지 못해 힘든 삶을 살았던 이들은 브라유 점자 덕분에 책을 읽고 공부하면서 꿈을 키울 수 있었어요.

마음만 먹으면 무엇이든 할 수 있고 무엇이든 될 수 있다는 희망, 이것은 루이 브라유가 전 세계 시각 장애인에게 준 가장 큰 선물이었어요. 죽은 지 100년이 되던 1952년, 루이는 점자를 통해 시각 장애인의 삶을 변화시킨 공로를 인정받아 위인만 모신다는 팡테온 국립묘지로 이장되어요.

먼 옛날, 뱃사람은 바다를 항해할 때 길을 찾기 위해 하늘을 봤어요. 하늘에 떠 있는 북극성은 언제나 같은 위치에 있기 때문에 북극성의 위치를 보면 자신이 어디쯤 와 있는지 알 수 있었기 때문이에요.

브라유 점자는 앞을 볼 수 없는 시각 장애인에게 방향을 알려 주는 북극성과 같은 존재였어요. 루이 브라유가 만든 여섯 개의 점은 200년이 지난 지금까지 수많은 사람의 손끝에서 빛나고 있어요.

그래서인지 1992년, 새롭게 발견된 소행성에 팔로마 천문대는 그의 이름을 따 '브라유(9969 Braille)'라는 이름을 붙였어요. 루이 브라유는 진짜 별이 되어 하늘에서 영원히 빛나게 된 거예요.

한국의 브라유 점자,
훈맹정음

우리나라에서 최초로 사용한 점자는 1897년, 미국인 선교사 로제타 홀이 만든 평양 점자예요. 이 점자는 기존 점자와 달리 점 4개를 사용했고, 기름 먹인 두꺼운 한지에 바늘로 구멍을 내어 책을 만들었어요. 1926년, 6개의 점을 사용하는 한글 점자 훈맹정음이 나오기 전까지 우리나라 시각 장애인들은 4개의 점을 사용하는 평양 점자를 사용했어요. 4점식 평양 점자는 자음이나 모음을 쓰는 데 2개 이상의 점 칸이 있어야 하는 등 한글 표기에 여러 가지 문제점이 있었어요.

1920년, 맹아 학교 교사였던 박두성은 제자들과 함께 '조선어 점자 연구회'를 이루어 점자를 만들기 시작했어요. 그는 '브라유 점자'를 연구해서 이를 토대로 편리한 한글 점자를 만들려고 노력했어요. 치열한 노력 끝에 1921년, '6점식 한글 점자'가 먼저 태어났어요. 그러나 이 점자는 받침이 있는 한글에는 잘 맞지 않았지요. 박두성은 포기하지 않고 다시 연구를 거듭했어요. 그러다 1926년, 결국 우리나라 시각 장애인들을 위한 문자인 '훈맹정음'을 완성해요.

훈맹정음은 첫소리 '초성'과 모음 '중성' 그리고 받침 '종성'으로 구성되어 있어요. 또 된소리, 이중 받침 등도 점자로 표시할 수 있지요.

　박두성은 한글 점자를 만든 것에 만족하지 않고 보다 많은 사람이 점자를 쓸 수 있도록 최선을 다했어요. 《성경》,《조선어 독본》,《천자문》,《명심보감》 등 평생 76종의 점자책을 출간했고, 훈맹정음을 배우려는 사람에게 자신이 만든 조선어 독본과 점자 해설서, 점자판을 보내 주었지요. 이후 훈맹정음은 꾸준한 보완 작업이 이루어지며 오늘날까지도 널리 사용되고 있어요.

　브라유 점자와 훈맹정음은 단순한 문자를 넘어 시각 장애인에게 희망을 선물했어요. 덕분에 시각 장애인은 이제 책을 읽고 글을 쓰면서 더 큰 세상으로 나아갈 수 있게 되었지요.

말이 아닌 행동으로
가난한 삶을 어루만진

ISFP

가난하고 병든 자, 모두 내게로 오라

마더 테레사

1910~1997

수녀

불우한 이웃을 위해 여러분은 무엇까지 내어 줄 수 있나요? 여기 길거리의 가난하고 병든 사람을 위해 자신의 인생을 바친 사람이 있어요. 바로 '가난한 이들의 어머니'라고 불리는 마더 테레사 수녀예요.

봉사하는 삶을 꿈꾸다

1910년 8월 26일, 마더 테레사는 유고슬라비아의 수도 스코페에서 다섯 자녀 중 막내로 태어났어요. 수녀가 되기 전 테레사의 본명은 아그네스였어요. 가족이 모두 가톨릭 교회를 다녀서 아그네스도 태어나자마자 세례를 받았지요.

아그네스는 어렸을 때 교회 활동에 적극적으로 참여하면서 일찍이 가난한 사람을 돌보는 일에 관심을 가졌어요. 특히 동인

테레사 수녀가 어렸을 때 언니와 찍은 사진

도 벵골 지방에 파견된 선교사의 활동에 관심이 많아 해외에서 봉사하는 선교사를 위한 기도 모임에 참여하기도 했어요.

아그네스는 시간이 흐를수록 인도 벵골 지방의 선교 활동에 더 많은 관심을 가지게 되었어요. 선교사를 위한 기도에서 그치는 것이 아니라 자신이 직접 현장으로 나가 가난한 사람을 돕고 싶었던 거예요. 인도에서 선교 활동을 하는 것이 자신의 소명이라는 것을 깨달은 아그네스는 인도 벵골 지방으로 가는 방법을 찾기 시작해요.

당시 인도 벵골 지방의 선교 활동에 참여할 수 있는 유일한 방법은 로레토 성모 수녀회의 수녀가 되는 길뿐이었어요. 로레토 성모 수녀회는 국제적으로 활동하고 있는 여자 수도회였고,

마더 테레사

19세기 중반부터 교육 분야에서 활발히 봉사하면서 인도 벵골
지방으로 선교사를 보내고 있었어요.

1928년, 아그네스는 인도에서 선교 활동을 하겠다는 생각
하나로 아일랜드에 있는 로레토 성모 수녀회에 지원해요. 아일
랜드로 떠나던 날, 어머니와 언니, 그리고 친구들은 작별 인사를
하며 눈물을 흘렸어요. 그것이 아그네스를 볼 수 있는 마지막 시
간이라는 것을 알기 때문이었지요. 테레사 수녀는 당시를 이렇
게 기억해요.

아그네스는 아일랜드 더블린의 로레토 성모 수녀회에서 두
달 동안 집중적으로 공부했어요. 그러고는 곧장 배를 타고 아일
랜드를 떠나 자신이 그토록 원했던 인도 콜카타로 향했지요.

아그네스, 테레사가 되다

1929년, 아그네스는 인도의 다르질링이라는 도시에 있는

로레토 성모 수녀회에서 본격적인 수련 생활을 시작해요. 이 도시는 해발 2,000미터의 히말라야 산기슭에 있었어요.

로레토 성모 수녀회에서는 수련자에게 기도와 봉사 습관을 철저히 가르쳤어요. 아그네스는 인도어와 벵골어를 익히면서, 매일 2시간씩 수녀회에서 운영하는 여학교 가서 가난한 아이들을 가르쳤지요.

2년 동안의 수련 생활이 끝난 1931년, 아그네스는 정식으로 수녀가 되었어요. 수련을 하는 동안 자신에게 가장 깊은 감명을 주었던 소화 테레사 성녀의 이름을 따서 '테레사'로 수도명을 정했지요.

테레사 수녀는 인도 콜카타 동부의 엔탈리 지역으로 파견되어 1931년부터 1944년까지 성 마리아 학교에서 아이들을 가르쳤어요. 그녀는 매일 새벽 5시 30분에 일어나 묵상을 했고, 6시에 미사를 올렸어요. 기도가 끝나면 아이들과 함께 수업을 했지요. 테레사 수녀는 어떤 일이든 피하지 않고 끝까지 최선을 다했어요. 학교를 위해 늘 헌신했고, 누구보다 즐겁고 열정적으로 봉사했지요.

테레사는 학교의 교장이었던 마더 드 세나크르 수녀를 도와 수도원 일도 함께 했어요. 1937년에는 생명이 다할 때까지 하느님께 자신을 바쳐 봉사하겠다는 종신 서원을 했어요. 그러던 중 마더 드 세나크르 교장이 병으로 쓰러지고, 테레사는 그 자리를 대신하게 되어요.

전쟁으로 엉망이 된 일상

테레사는 성 마리아 학교에서 활동하는 신자 모임인 성모 마리아 신심회를 통해 인도의 가난한 사람들을 처음 만났어요. 당시 신심회를 지도하던 줄리앙 앙리 신부는 자신의 힘이 작다고 할지라도 최선을 다해서 빈민가의 사람들을 도와야 한다고 말했어요.

그래서 성 마리아 학교의 학생들은 토요일마다 근처 병원을 찾아가 글을 가르치고 아픈 사람을 도왔어요. 테레사 수녀는 그곳에서 봉사하며 '가난한 사람들 가운데 가장 가난한 사람들'과 인연을 맺었어요. 하지만 이런 생활도 오래가지 못했지요. 전쟁이 일어나면서 수도원의 고요하고 평화로운 일상이 파괴되었기 때문이에요.

1942년, 일본이 미얀마를 점령하면서 인도 동부에서 전투가 벌어졌어요. 전쟁은 밤낮을 가리지 않았어요. 콜카타 시내로 들어온 영국 군인들이 건물을 점령했고, 로레토 성모 수녀회 건물은 다친 사람들을 치료하는 야전 병원으로 변했어요. 성 마리아 학교도 한참 떨어진 빈 공장으로 잠시 자리를 옮겼지요. 많은 수녀와 학생은 고아를 데리고 다른 지역으로 피신했어요.

전쟁이 계속되면서 인도에는 독립 운동이 일어났어요. 마하트마 간디와 무함마드 알리 진나 같은 인물들이 독립 운동에 힘을 쏟았지요.

인도의 독립 운동

인도는 1858년부터 1947년까지, 약 90년간 영국의 식민지 지배를 받았다. 독립 운동은 꾸준히 이어졌고, 제2차 세계 대전을 기점으로 마하트마 간디, 알라 할 네루 등의 비폭력 저항 운동이 전국적으로 퍼져 나갔다. 결국 인도는 1947년 8월 15일 영국에서 독립했다.

그러나 전쟁은 쉽사리 끝나지 않았고, 엎친 데 덮친 격으로 흉년까지 들었어요. 최소한의 식량을 공급해 주던 교통수단마저 군대에서 가져가는 바람에 많은 사람이 굶어 죽었고, 물가는 치솟았지요. 배고픔을 피하기 위해 큰 도시였던 콜카타로 사람들이 몰려들었어요. 수백만 명이 굶어 죽었지만, 정부는 아무런 도움도 주지 않았어요.

테레사 수녀는 정부의 손이 닿지 않는 곳에서 죽어 가는 사람들을 위해 쉬지 않고 일했어요. 그러나 도움이 필요한 사람은 감당할 수 없을 정도로 많았지요. 결국 테레사는 결핵에 걸려 쓰러지고 말아요.

수녀회를 떠나 고난 속으로

1946년 9월, 테레사 수녀는 지친 몸을 이끌고 다르질링으로 피정을 떠나요. 피정이란, 신앙생활을 위해 일상에서 잠깐 벗어나 수도원 같은 곳에 머물며 묵상이나 기도 등을 하는 수련을 뜻해요.

테레사 수녀는 다르질링으로 가는 기차 안에서 하느님의 음성을 들어요. 로레토 성모 수녀회에서의 생활을 끝내고 거리로 나가서 어려운 사람과 함께하라는 목소리였지요. 그 목소리는 테레사가 다르질링에 있는 동안 계속 그 곁을 떠나지 않았어요. 결국 테레사는 하느님께서 원하는 더 큰 일이 모든 것을 버리고 가장 가난한 사람들 속으로 들어가는 일이라는 것을 알게 되어요.

로레토 성모 수녀회를 떠난다는 것은 수도원에서의 안정된 삶을 포기하고 고난과 시련 속으로 걸어 들어가는 것과 같았어요. 더군다나 18년이 넘는 시간을 수도원에서 일해 온 테레사에게는 자신에게 집과도 같은 수도원을 떠나는 일이 심적으로 쉽지 않았지요. 하지만 처음 수녀회에 입회할 때 그랬던 것처럼, 이번에도 주어진 소명을 담담히 따르기로 해요.

1946년 10월, 피정을 마치고 돌아온 테레사 수녀는 판 엑셈 신부를 찾아갔어요. 수녀회를 떠나기 위해서는 교황청과 수녀회의 허락이 필요했기 때문이에요.

테레사의 말을 들은 판 엑셈 신부는 페리에 대주교를 만나 테레사의 생각을 이야기했어요. 대주교는 깜짝 놀랐지요. 정치나 종교적으로 혼란한 시기에 유럽에서 온 수녀가 혼자 인도 길거리에서 활동한다는 것은 상상하기 어려운 일이었거든요. 하지만 테레사의 의지는 굳건했어요. 아픈 사람, 굶어 죽는 사람, 부모를 잃은 고아 등을 보고 가만히 있을 수 없기 때문이었지요.

1947년, 인도는 영국의 지배로부터 독립했지만, 종교적 갈등으로 두 개의 국가로 나뉘어요. 독립과 분열이라는 대혼란 속에서 많은 사람이 희생되었지요. 이슬람교도는 파키스탄이라는 국가를 만들었고, 테레사가 지냈던 벵골주도 파키스탄의 일부가 되었어요. 인도 역사상 가장 큰 규모의 난민 이동이 시작되었어요. 수백만 명의 사람이 양쪽 국가로 이동하면서 눈물과 고통을 호소했지요.

1948년, 교황청은 거의 2년 만에 테레사가 수도원 밖에서 거주하는 것을 허락했어요. 하지만 조건이 있었어요. 1년 뒤에 테레사 수녀가 수도원 밖에서 활동을 계속할지, 아니면 수도원으로 돌아올지를 대주교가 결정한다는 것이었어요. 테레사는 이 소식을 듣고 너무 기뻐 꼼짝도 할 수 없었어요.

테레사가 수도원을 떠난다는 소식은 엔탈리 수도원과 콜카타에 있는 가톨릭 단체로 퍼졌어요. 모두 놀라움을 금치 못했지요. 지금까지 단 한 번도 이런 일이 없었기 때문이에요. 하지만 이 놀라움은 금세 걱정으로 바뀌었어요. 테레사가 선택한 삶이 얼마나 힘들지 모두 알고 있었거든요. 게다가 테레사는 오랫동안 병으로 고생했고, 건강 상태도 좋지 않았어요. 사람들은 모두 테레사가 자신이 선택한 길을 감당할 수 있을 만큼 건강하기를 바라며 기도했어요.

　로레토 수녀원에서의 마지막 날, 테레사는 판 엑셈 신부에게 앞으로의 여정을 축복해 달라고 부탁했어요. 테레사의 양손에는 거친 천으로 만든 인도 전통 옷인 흰 사리 세 벌이 있었어요. 가난한 길거리의 여인들이 입는 옷과 같은 종류의 것이었지요. 옷 위에는 작은 십자가와 묵주가 있었어요. 판 엑셈 신부는 테레사의 옷에 손을 대고 축복 기도를 해 주었어요. 그 덕분에 인도의 전통 의상인 사리는 마더 테레사의 수도복이 되었어요. 모두가 잠든 새벽, 테레사는 사리를 입고 정든 로레토 수도원을 떠나 파트나에 있는 의료 선교 수녀원으로 향했어요.

　테레사는 몇 달간 의료 선교 수녀원에 머물면서 간호 기술, 의약품 다루는 방법, 병원 업무 등을 배웠고 산모 출산, 응급 처치, 수술 등을 도왔어요. 또한 자신이 질병에 걸리지 않으려면 어떻게 휴식하고 일해야 하는지도 배웠지요.

전통 사리를 입은 수녀들

사랑으로 길 위에 선 수녀

1948년 12월, 테레사는 콜카타로 돌아가 본격적으로 일을 시작했어요. 수녀원을 나올 때 가진 돈은 우리 돈 100원 정도밖에 안 되는 5루피뿐이었지만, 아무것도 두렵지 않았지요.

테레사는 가장 먼저 인도 벵골 모티질에 작은 학교를 열었어요. 아이들은 책상, 의자도 없이 웅덩이 옆에 쭈그리고 앉아 공부했지요. 칠판 대신 땅바닥을 사용해야 했지만, 테레사는 아이들을 열심히 가르쳤어요. 수업이 끝나면 아이들을 웅덩이로 데려가 정성껏 씻겨 주기도 했지요. 콜카타에는 온갖 질병이 만연했기 때문에 건강을 지키려면 무엇보다도 청결이 중요했어요.

테레사는 교육뿐 아니라 아픈 사람에게도 언제나 최선을 다했어요. 1949년에는 진료소와 두 번째 학교를 열었는데, 진료소 문을 열자마자 많은 사람이 몰려들었어요. 테레사의 이야기가 알려지자 이웃 마을에서 자기 동네에도 학교를 열어 달라는 요청이 들어오기도 했어요.

곧 테레사는 판 엑셈 신부의 소개로 가정집 2층을 무료로 얻어 이사했어요. 그를 돕겠다는 봉사자도 하나둘 찾아오기 시작했어요. 대부분 테레사가 예전에 있었던 성 마리아 학교의 학생들이었지요. 봉사자가 점점 늘어나자 테레사는 모든 일을 체계적으로 바꾸었어요. 그리고 학생들이 봉사 때문에 공부를 포기하지 않도록 저녁에 직접 공부를 가르쳤지요. 2년 동안 29명의 젊은이가 테레사를 찾아와 함께 봉사했어요.

그 사이 대주교와 약속했던 1년의 기간이 끝났어요. 1년간 테레사의 활동을 꾸준히 지켜보았던 대주교는 테레사가 계속 수도원 바깥에서 활동할 수 있도록 허가해 주면서 또 하나의 조건을 제시했어요. 빠른 시일 내에 공식적인 봉사 활동 조직을 만들라는 제안이었지요.

테레사는 대주교의 제안에 따라 곧장 자신이 운영하던 봉사 단체에 '사랑의 선교회'라는 이름을 붙이고 조직을 공식화해요. 그러고는 새로운 조직에 더 헌신하기 위해 국적까지 인도로 옮기지요. 결국 1950년 10월 7일, 로마 교황청은 사랑의 선교회를 콜카타 지역의 공식 천주교 단체로 받아들여요.

사랑의 선교회를 찾아오는 봉사자는 점점 늘어났어요. 테레사가 머무는 집 2층은 넘쳐나는 사람들로 움직일 공간조차 없었지요. 1953년, 테레사는 사랑의 선교회 수녀들과 함께 더 많은 사람이 들어올 수 있는 넓은 집으로 이사해요. 이후 그 집은 '마더 하우스'라고 불리게 되었지요.

인간답게 죽을 권리를 위해

당시 콜카타에는 굶주리는 사람이 많았어요. 수천 명의 사람이 거리로 나와 구걸했고, 영양실조와 전염병에 걸려 죽는 사람도 많았지요.

하루는 테레사가 길을 걷다가 누더기를 입은 여인을 발견했어요. 여인은 시궁창에 쓰러져 있었는데 쥐와 개미가 얼굴을 절반이나 파먹은 상태였지요. 테레사는 여인을 병원으로 데려갔어요. 그런데 의사는 빈 병실이 없다며 여인을 받아 주지 않았어요. 테레사는 꼼짝도 하지 않고, 여인을 치료해 달라고 계속 요구했어요. 병원은 어쩔 수 없이 바닥에 매트리스를 깔아 주었지요. 몇 시간 후, 여인은 결국 매트리스 위에서 눈을 감았어요. 테레사는 여인의 죽음을 보면서 죽어 가는 사람을 돌보기 위한 공간이 필요하다는 것을 깨달았어요. 가난한 사람도 인간다운 죽음을 맞을 권리가 있다고 생각한 거예요.

테레사는 곧장 생각을 행동으로 옮겨요. 죽어 가는 사람을 돌볼 수 있는 적당한 장소를 찾아다니지요. 그러다가 콜카타의 보건 담당 장관인 아메드 박사를 만나요. 아메드 박사는 테레사의 생각에 동의했어요. 하지만 테레사의 계획은 한 사람의 관심만으로 해결할 수 없는 사회적 문제라고 판단했지요. 그래서 그는 테레사에게 사용하지 않는 숙소 하나를 제공하기로 해요. 숙소는 콜카타에서 가장 유명한 힌두교 사원 바로 옆에 있는 순례자를 위한 숙소였어요. 테레사는 그곳에 '순결한 마음의 장소'라는 뜻의 '니르말 흐르다이NIRMAL HRIDAY'라는 안내판을 세우고, 죽어 가는 사람을 위해 봉사하기 시작해요. 사람들은 그곳을 '죽어 가는 사람들의 집'이라고 불렀어요.

니르말 흐르다이를 열고 얼마 지나지 않아 소란이 발생했어요. 힌두교 신전 가까운 곳에서 가톨릭 단체가 활동한다는 것을 알고 힌두교 신자들이 분노했기 때문이에요. 사람들의 분노는 곧 가톨릭 단체가 힌두교인을 개종시키려 한다는 소문으로 퍼져 나갔고, 죽은 사람의 장례식을 멋대로 가톨릭 의식으로 진행한다는 소문이 돌기도 했어요. 화가 난 힌두교인은 결국 경찰에게 니르말 흐르다이를 신고하기에 이르러요.

아메드 박사와 콜카타 경찰청장은 신고 소식을 듣고 직접 니르말 흐르다이를 찾아가요. 그들이 도착했을 때 테레사는 얼굴 살이 반쯤 벌어진 환자 옆에 웅크리고 앉아 구더기를 제거하던 중이었어요. 악취가 코를 찔러 숨 쉬기도 힘든 상황이었지요.

그때 환자가 거친 숨을 몰아치며 졸린 듯 눈을 파르르 떨었어요. 테레사는 죽음을 눈앞에 둔 환자에게 조용히 말했어요.

"당신은 당신의 종교로 기도하세요. 저는 제가 믿는 종교로 당신을 위해 기도할게요."

테레사의 말에 경찰청장은 눈물을 흘리며 두 사람을 지켜보았어요. 그러고는 밖에서 소란을 피우는 사람들에게 큰 소리로 이야기했지요.

"이 여인을 쫓아낼 수는 있지만, 그 전에 당신 어머니와 자매를 이곳으로 데려와서 이 여인이 하는 일을 대신하게 하십시오. 이 여인은 성인입니다."

경찰청장의 말은 단호했어요. 모여들었던 사람들은 모두 조용히 물러가는 듯했지요. 하지만 불만은 좀처럼 사그라들지 않았어요. 시시때때로 사람들은 니르말 흐르다이 앞으로 몰려와 소란을 피웠어요.

니르말 흐르다이의 현재 모습

　　그러던 어느 날, 힌두교 사원의 젊은 승려 하나가 결핵 말기 진단을 받고 니르말 흐르다이로 오게 되어요. 그는 전에 여러 병원을 돌아다녔지만 어떤 도움도 받지 못한 채 분노와 절망에 휩싸여 있었지요. 테레사 수녀는 젊은 승려를 직접 간호했고, 승려의 분노와 절망은 점점 수그러들었어요. 결국 그는 니르말 흐르다이에서 편안하게 눈을 감았어요. 이 모습을 지켜본 사원의 여러 승려는 테레사 수녀가 동료를 보살피는 모습에 감동 받았고,

힌두교 의식으로 장례를 치러 주는 것까지 직접 보게 되어요. 그 후로 니르말 흐르다이에 불만을 갖고 소란을 피우는 사람은 없었어요.

테레사의 활동은 언제나 거리와 빈민가에서 이루어졌어요. 그의 모든 노력과 활동은 가난한 사람들 중에서도 가장 가난한 사람들을 위한 것이었지요.

외롭고 아픈 자를 위한 땅

테레사는 나병 환자에게 관심을 가지면서 도시 중심에 진료소를 세울 장소를 찾아다녔어요. 나병 환자 병원을 변두리에 세우면 가난한 사람이 찾아오기 힘들다고 생각했기 때문이에요.

도시 중심에 사는 주민은 테레사의 계획에 크게 반대했어요. 어떤 사람은 그에게 돌을 던지기까지 했지요. 하지만 테레사는 화를 내지 않고, 평온한 표정으로 차분히 이야기했어요.

"하느님이 이곳에 진료소를 원하지 않으시는 것 같습니다. 기도합시다. 기도하면서 하느님이 원하시는 것이 무엇인지 알아봅시다."

테레사의 기도 덕분인지 얼마 후 좋은 소식이 들려왔어요. 미국의 한 후원자가 구급차를 기부한 거예요. 테레사는 구급차를 받자마자 나병 환자를 위한 이동 진료소를 만들기로 결정했

어요. 가난한 사람은 먹고살기가 힘들어서 먼 곳까지 이동하는
게 어려울 거라고 생각했거든요. 가난한 사람이 병원을 찾아가
는 것이 아니라 이동 진료소가 환자를 찾아가기로 한 것이지요.
때마침 좋은 소식도 함께 들려왔어요. 벵골에서 나병과 피부병
권위자로 유명했던 센 박사가 정년퇴직하면서 테레사를 찾아와
보수 없이 일을 돕겠다고 제안한 거예요.

1957년, 최초의 이동 진료소가 페리에 대주교의 축복 속에
활동을 시작했어요. 이동 진료소는 단 한 대의 차로 시작했지만,
현재는 콜카타뿐 아니라 아시아, 아프리카에서 수십만 명의 환
자를 치료하는 이동 진료소로 발전했어요.

테레사는 나병 환자를 돌보면서 재활 센터가 있으면 환자
의 삶이 더 나아질 거라고 생각했어요. 그래서 서벵골의 주지사
를 설득해서 1년에 1루피의 세금을 내는 조건으로 14헥타르 정
도의 땅을 임대받았지요. 설득 과정은 어렵지 않았지만, 정글이
나 다름없는 땅을 나병 환자가 정착할 수 있는 곳으로 만들려면
많은 자금이 필요했어요. 하지만 테레사는 두려워하지 않았어요.
기도하면 하나님이 들어주실 거라는 믿음 때문이었지요.

기도에 대한 응답은 교황 바오로 6세의 인도 방문으로 이뤄
졌어요. 교황 바오로 6세가 인도에 올 때 고급 리무진을 가져와
탔고, 갈 때 테레사 수녀에게 기증했거든요. 테레사는 리무진을

팔아 재활 센터에 필요한 자금을 해결할 수 있었어요.

재활 센터는 작은 마을 형태로 운영되었어요. 가족이 있는 환자에게 집과 땅을 제공했고, 그들은 보수를 받으며 일했지요.

테레사는 부모로부터 버려지거나 질병으로 고통받는 아이들을 위해 '시슈 바반'이라는 어린이집을 열기도 했어요. 콜카타에서 첫 번째 시슈 바반을 열었을 때, 테레사는 인도의 병원과 조산원에 편지를 보냈어요. 혹시 그곳에 부모로부터 버려진 아이가 있다면 장애가 있거나 미숙아라도 시슈 바반으로 연락을 달라는 내용이었지요. 테레사는 어떤 아이라도 거절하지 않았어요. 모든 아이는 하늘의 소중한 선물이라고 생각했기 때문이에요.

시슈 바반은 버림받은 아이들이 굶주리지 않고 제대로 치료받으며 새로운 가정을 기다릴 수 있는 보금자리였어요. 이 활동이 알려지자, 인도의 많은 가정에서 아이를 입양해 갔어요. 그 덕분에 부모를 잃은 수백 명의 아이들이 사랑이 넘치는 가정에서 살게 되었지요.

가난한 자들의 이름으로 받은 노벨 평화상

1962년, 테레사 수녀는 인도의 권위 높은 문화 훈장인 파드마 시리 상을 받고 콜카타로 돌아왔어요. 그러고는 수상 메달을 자신의 목이 아닌 니르말 흐르다이에 있는 성모상에 걸었어요. 테레사는 항상 본인이 상을 받을 자격이 없다고 생각했기 때문이에요.

얼마 후, 테레사 수녀가 아시아의 노벨상으로 불리는 막사이사이상 수상자로 결정됐다는 소식이 들려왔어요. 테레사는 매우 기뻐했지요. 본인이 상을 받는 것이 기뻐서가 아니라, 상금 5만 루피가 부모 잃은 어린이를 위한 집을 세우는 데 필요한 자금과 딱 맞았기 때문이었어요.

노벨상을 받을 때도 테레사 수녀는 자신이 아닌 가난한 사람을 먼저 생각했어요. 1979년 12월 10일, 노르웨이 국왕과 많은 고위 관리가 참석한 화려한 시상식장에서 주인공인 테레사는 값싼 흰색 사리를 입고 노벨 평화상을 받았어요. 테레사는 상을 받으면서 노벨상 위원회에 수상 기념 파티를 여는 대신, 그 돈을 먹을 것이 필요한 사람을 위해 사용하자고 제안했어요. 테레사의 제안에 많은 사람은 감동했고 노르웨이뿐 아니라 유럽 각지에서 성금을 보냈어요.

1989년, 테레사는 마더 하우스에서 계단을 내려오다가 정신을 잃고 쓰려졌어요. 심장 질환 때문이었지요. 당시 테레사의 나이가 79살이었어요. 건강은 좀처럼 나아질 기미가 보이지 않았지요. 테레사는 맡고 있던 사랑의 선교회 총장직에서 내려오

미국 레이건 대통령에게 자유 훈장을 받는 테레사 수녀

겠다는 의사를 밝혔지만, 바티칸은 테레사의 은퇴를 허락하지 않았어요.

그로부터 3년이 지난 1992년, 멕시코를 방문했던 테레사는 심장병이 재발해서 미국 캘리포니아로 옮겨져 병원에 입원했어요. 그곳에서 테레사는 위험한 고비를 몇 번이나 넘겼고, 전 세계 많은 사람이 테레사의 건강을 걱정했어요.

결국 1997년 3월, 테레사는 87세의 나이로 사랑의 선교회 총장직에서 물러났고, 같은 해 9월 5일에 눈을 감았어요.

장례식은 세계 각국의 조문객과 6,000여 명이 넘는 빈민이

참석한 가운데, 콜카타의 큰 실내 경기장에서 치러졌어요. 세계 각국에 TV로 생중계되었고, 테레사를 실은 운구차 뒤로는 그가 생전에 아꼈던 장애인, 나병 환자, 고아, 부랑자들이 5킬로미터가 넘는 긴 줄을 지어 뒤따랐다고 해요. 테레사는 자신이 설립했고, 세상을 떠나기 직전까지 헌신했던 사랑의 선교회 마더 하우스 본부에 안치되었어요. 테레사 수녀가 떠난 방 안에는 책상,

의자, 캐비닛 정도밖에 없었지만, 테레사가 남긴 유산은 지금도
세계 곳곳에 남아 또 다른 희망을 남기며 살아 움직이고 있어요.

가난한 이를 위해 인생을 바친
바보 의사, 장기려

'아시아의 노벨상'이라 불리는 막사이사이상. 그런데 우리나라에도 테레사 수녀와 같이 가난하고 병든 사람을 위해 인생을 바친 막사이사이상 수상자가 있다는 걸 알고 있나요?

장기려 박사는 경성 대학교(현 서울 대학교) 의과 대학을 수석으로 졸업할 정도로 똑똑한 의사였어요. 하지만 사람들은 그를 '바보 의사'라고 불렀지요. 독실한 기독교인이었던 장기려가 "돈이 없어 진료 받지 못하는 이들을 돕겠다"는 신념에 따라 평생 자신의 이익이 아닌 가난하고 병든 사람을 위해 살았기 때문이에요.

장기려 박사는 6·25전쟁 당시 부산에 '복음 진료소'를 세워 하루 수백 명의 환자를 무료로 돌봐 주었어요. 군용 텐트 몇 개의 열악한 환경에서 시작한 이 진료소는 이후 '복음 병원'이 되어 현재까지 부산에서 많은 사람을 치료하는 병원으로 남아 있어요.

장기려에게 의술은 돈을 버는 수단이 아닌, 사랑을 표현하는 방식이었어요. 치료비가 없어 눈치를 보는 환자에게는 몰래 뒷문을 열어 주었고, 가진 돈만 받거나 치료비를 대신 내 주기도 했어요. 약보다 밥이 필요한 영양실조 환자에게는 "이 환자에게 닭 두 마리 값을 내 주시오"라는 처방을 내리

기도 했지요.

　　장기려는 많은 환자를 돌보면서 제도적 차원에서 가난한 사람이 치료 받을 수 있도록 해야 한다는 생각을 했어요. 결국 그는 1968년, 훗날 한국 의료 보험 제도의 밑거름이 되는 '의료 보험 조합'을 세워, 가난한 사람들이 충분한 의료 혜택을 볼 수 있도록 했어요.

　　장기려 박사는 평생 집 없이 병원 옥상의 사택에서 검소하게 살았어요. 그는 재산을 모으지 않았지만, 가난하고 아픈 사람들의 삶 속에 영원한 희망을 남겼어요.

테러에도 물러서지 않고

자기 목소리를 낸

ENTJ

펜을 들고
총에 맞선 소녀

말랄라 유사프자이

1997~

인권 운동가

2014년 10월 10일, 전 세계가 주목하는 가운데 노벨상 수상자가 발표되었어요. 이들 가운데 가장 주목받은 건 당시 17세에 불과했던 노벨 평화상 수상자 말랄라 유사프자이였어요.

노벨 평화상은 인류의 평화에 가장 크게 기여한 사람에게 주는 상이에요. 그런데 아직 성인이 되지 않은 말랄라는 인류 평화를 위해 어떤 일을 했기에 노벨 평화상을 받을 수 있었을까요?

지진과 함께 찾아온 불청객

말랄라는 1997년 7월, 파키스탄 북부 스와트라는 지역에서 태어났어요. 스와트는 아프가니스탄의 국경에 가까운 지역이었는데, 당시 아프가니스탄은 탈레반이 정권을 잡고 미국과 전쟁을 벌이고 있었어요.

2005년 10월의 어느 날, 스와트 지역에 엄청난 지진이 발생했어요. 규모 7.6의 역사상 최악의 지진 중 하나였지요. 다행히 말랄라 가족이 살던 스와트의 밍고라 지역은 큰 피해를 입지 않았어요. 하지만 파키스탄 북부 대부분은 폐허가 될 정도로 많은 사람이 다쳤지요. 지진으로 산사태가 일어나고, 길이 끊어지고, 많은 사람들이 집을 잃었어요.

도움의 손길이 필요했지만, 파키스탄 정부의 지원은 턱없이 부족했어요. 오히려 TNSM이라는 종교 집단에서 나온 구호 봉사 단체가 더 헌신적으로 이재민을 도왔지요. 부모 잃은 아이들을 보호하고, 다친 사람을 치료해 주며 TNSM은 많은 사람을 적극적으로 도왔어요.

문제는 여기서부터 시작되었어요. TNSM은 탈레반과 아주 밀접한 관계가 있는 종교 단체였거든요. TNSM의 지도자는 "지진은 신의 경고다!"라고 설교하면서 사람들이 이슬람의 종교 율법인 샤리아법을 엄격하게 지킬 것을 요구했어요.

총을 들고 있는 탈레반군의 모습

　여성의 자유를 심각하게 억압하는 샤리아법은 도를 넘어 학생들의 교육권까지 침범하는 수준에 이르러요. 라디오 방송의 진행자가 "10대 여자아이는 학교에 가면 안 되고, 반드시 부르카를 입어야 한다"라는 말을 매일 방송에서 대놓고 하는 지경이었지요. 게다가 법을 과도하게 적용하는 바람에 여성이 공공장소에 나가는 것이 금지되었고, 남성은 이 명령에 따라 가족을 엄격하게 통제하지 못하면 벌을 받게 될 것이라는 위협도 이어졌어요.

　스와트 지역에 탈레반이 늘어날수록 샤리아법은 더욱 시민의 삶을 옥죄었어요. 거리 곳곳에 검은 터번을 쓰고, 머리와 수염을 기른 채 총을 든 탈레반 군인들이 돌아다녔지요.

　탈레반은 춤도 음악도 영화도 모두 금지했어요. 그러지 않으면 신이 또다시 지진을 내릴 거라고 경고까지 했지요. 이발사를 협박해서 서양식으로 머리를 자르지 못하게 강요했고, 음반 상점도 파괴했어요. 탈레반의 지시를 따르지 않는 사람은 거리로 끌고 나와 공개적으로 처벌하기도 했지요.

남녀 모두 탈레반의 위협과 공포에서 벗어날 수 없었어요. 남자는 머리와 턱수염을 길게 길러야 했고, 여성은 자유롭게 외출조차 할 수 없었어요. 급한 일이 있어서 외출을 하려면 반드시 부르카를 입고 남편이나 남자 친척과 동행해야만 했어요.

여성의 교육을 막은 탈레반

탈레반의 위협은 말랄라 가족에게도 예외일 수 없었어요. 말랄라의 아버지인 지아우딘이 학교를 운영했기 때문이에요. 여성 교육을 중요하게 생각한 지아우딘은 탈레반의 경고를 받아들일 수 없었어요. 그래서 여학생이 계속 학교에 다닐 수 있도록 위험을 무릅쓰고 탈레반과 협상을 시도했지요. 결국, 비교적 나이가 많은 여학생이 일반 학생과 다른 교문으로 출입하는 것으로 협상은 끝났어요.

말랄라는 탈레반의 행태를 지켜보며 분노했어요. 그래서 친구들과 규칙적으로 모여 탈레반을 비판하는 토론을 하고 글을 썼지요. 여학생들은 이 모임을 '평화의 집회'라고 불렀어요.

말랄라 유사프자이의 아버지, 지아우딘 유사프자이

　시간이 지날수록 탈레반의 위협은 점점 거세졌고 요구 사항은 많아졌어요. 탈레반이 점령한 스와트 지역을 되찾기 위해 파키스탄 정부군이 파견되었고, 탈레반과의 전쟁이 시작되었어요. 밤낮없이 전투가 이어졌어요. 수많은 사람이 목숨을 잃었고 많은 학교가 폭파되었지요.

　결국 2008년, 파키스탄 정부는 탈레반의 요구를 대부분 수용하는 조건으로 평화 협정을 맺어요. 파키스탄 정부의 한발 물러선 패배였지요. 이로 인해 탈레반은 본격적으로 샤리아법을 통해 스와트 지역을 다스리기 시작해요.

　2008년 12월, 라디오 방송을 통해 탈레반은 새로운 지침을 발표해요.

"1월 15일 이후, 여자는 나이를 불문하고 모두 학교에 가서는 안 된다. 이를 지키지 않을 시, 우리가 어떤 행동을 취할지 알고 있으리라 믿는다. 부모와 교장은 응당 책임을 지게 될 것이다."

결국 말랄라를 포함한 스와트 지역의 모든 여자아이는 학교에 다닐 수 없게 되었어요.

말랄라가 다니던 학교가 문을 닫기 전, TV 방송국에서 학교를 찾아왔어요. 말랄라는 카메라 앞에서 자신 있게 자기 생각을 이야기했지요.

"우리는 아무도 두려워하지 않으며, 계속 배울 것입니다. 이것이 우리의 꿈입니다."

아이들뿐 아니라 많은 사람이 탈레반의 조치에 반대했어요. 여기저기에서 불만이 터져 나왔지요. 예상보다 큰 반발에 당황한 탈레반은 모든 여성의 교육을 금지한다는 지침을 조금 수정했어요. 11살 이상 되는 여학생만 학교를 다닐 수 없도록 변경한 거예요. 당시 말랄라는 해가 바뀌면 11살이 되는 상황이었어요. 지침이 완화되어도 더 이상 학교에 다닐 수 없다는 뜻이었지요. 하지만 말랄라는 꾀를 내어 10살이라고 나이를 속여 학교에 계속 다녔어요. 학교도 그런 말랄라의 행동을 눈감아 주었지요.

말랄라는 매일 학교에 갈 때마다 탈레반에게 나이를 들켜

 말랄라 유사프자이

봉변을 당할까 두려웠어요. 하지만 그런 두려움도 제대로 된 교육을 받고 싶다는 열정을 꺾지는 못했어요.

세계가 주목한 일기장

말랄라의 아버지 친구 중에 영국 BBC 방송국에서 일하는 사람이 있었어요. 친구는 아버지에게 탈레반의 지배를 받는 지역의 사람들 중 글을 써 줄 사람을 찾아 달라고 부탁했어요. 아버지는 여러 사람에게 연락했지만, 대부분 탈레반의 눈치를 보며 거절했어요. 글을 써 주기로 했던 학교 여학생조차 가족의 반대로 글을 쓰지 못하게 되었지요.

말랄라는 그 이야기를 우연히 듣고 자신이 글을 쓰겠다고 말했어요. 아버지는 선뜻 허락하지 않았어요. 이 일이 얼마나 위험한지 알기 때문이었지요. 하지만 말랄라의 어머니는 "거짓은 사라져야 하고, 진실이 앞으로 나가야 한다"고 이야기하며 말랄라를 응원했어요. 아버지도 그런 어머니의 뜻에 고개를 끄덕였지요.

BBC 특파원은 안전을 위해 말랄라에게 '굴 마카이'라는 가명을 쓸 것을 권유했어요. 굴 마카이는 파키스탄 민담에 나오는 주인공의 이름이었지요. 말랄라는 탈레반에게 자유를 빼앗긴 심정과 당시의 상황을 고스란히 적었어요.

2009년부터 말랄라가 쓴 ‘파키스탄 여학생의 일기’가 BBC 블로그를 통해 연재되기 시작했어요. 말랄라는 탈레반 점령 후 끊임없이 들려오는 총소리 속에서 몰래 공부하며 살아야 하는 밍고라 지역의 일상을 자세히 적었어요.

말랄라의 일기는 전 세계적으로 관심을 끌었어요. 많은 사람이 글을 읽고 탈레반의 위협 속에 살아가는 파키스탄 사람들을 걱정했지요. 그러다 2009년 4월, 파키스탄 여학생의 일기를 쓴 ‘굴 마카이’가 ‘말랄라 유사프자이’라는 것이 밝혀졌고, 말랄라는 세상의 관심을 받기 시작했어요. 방송국에서 말랄라를 찾아오기도 했는데, 말랄라는 숨지 않고 카메라 앞에서 당당하게 자기 생각을 밝혔어요.

“지금 상황이 더 나빠지고 있어 몹시 슬픕니다. 어린 세대가 교육받을 수 없다면, 우리나라의 장래는 결코 밝을 수 없습니다. 정부는 반드시 조치를 취하고 우리를 도와야 합니다. 나는 누구도 두렵지 않습니다. 어떤 일이 있더라도 내게 필요한 교육을 받을 것입니다. 설사 바닥에 앉아 배워야 하더라도 나는 교육받을 것이고, 그렇게 되도록 할 것입니다.”

당당하고 의연한 말랄라의 목소리는 그가 겨우 11살 어린 학생이라는 사실마저 잊게 했어요. 사람들은 점점 말랄라의 목소리에 집중하기 시작했어요.

2010년, 말랄라는 스와트 지역의 어린이 의회에서 활동했어요. 지역 학생이 모여 정책을 의논하고, 결정된 내용을 담당 공무원에게 전달했지요. 여기서 말랄라는 대변인으로 선출되었어요. 어린이 의회는 주로 어린이와 관련된 문제를 놓고 고민했어요. 어린이 노동 착취, 장애 어린이와 노숙 어린이의 교육, 탈레반에 의해 파괴된 학교 복구 등의 주제에 대한 의견을 정리해 관공서로 보냈고, 그때 나온 요구사항 중 몇 가지는 실제로 실행되었어요.

탈레반의 목표가 된 말랄라

탈레반의 위협은 학생과 민간인을 가리지 않았어요. 곳곳에서 테러가 발생했고 사람들은 불안에 떨어야 했지요. 말랄라의 집에는 아버지를 향한 협박 편지가 발송되기도 했어요.

말랄라의 아버지는 탈레반의 위협에 물러서지 않았어요. 오히려 학교가 제대로 운영되도록 사방으로 뛰어다니며 탈레반의 반인륜적 행태를 세상에 알렸어요. 말랄라도 아버지를 따라다니며 탈레반을 피해 몰래 학교에 다닌 자신의 이야기를 많은 사람에게 전했어요. 작은 키 때문에 사람들 앞에 서면 위축될 때가 많았지만, 말랄라는 매일 밤 키가 크게 해달라고 신께 기도하며 열심히 사람들 앞에 섰어요. 이런 노력 덕분에 말랄라는 펀자브

주에서 열리는 교육 행사에서 여성 교육 운동을 격려하는 상을 받기도 했어요.

말랄라의 목소리는 파키스탄뿐 아니라 전 세계로 퍼져 갔어요. 국제 아동 인권 평화상 후보에 올랐고, 파키스탄에서 청소년 평화상을 받았지요. 총리에게 상을 받을 때 말랄라는 탈레반이 파괴한 학교를 다시 짓고 스와트 지역에 여자 대학교를 세워 달라고 당당히 요구했어요. 또한 시간이 날 때마다 방송에 출연해서 탈레반의 위협은 부당한 것이며, 파키스탄의 10대는 성별에 관계없이 학교에 다닐 권리가 있다고 당당하게 이야기했지요.

결국, 탈레반은 말랄라를 테러 목표로 정했어요. 인터넷에 말랄라 이름을 검색하면, '말랄라 유사프자이는 죽어 마땅하다'는 탈레반의 경고문을 볼 수 있을 정도였지요.

위협은 아버지에게도 계속되었어요. 아버지가 운영하는 쿠샬 학교에서 여학생들을 데리고 소풍을 다녀온 다음 날, 탈레반으로부터 편지가 도착했어요. 여학생들이 소풍을 가는 것이 천박하고 음란한 행위라는 내용의 편지였지요. 그건 학교 운영에 대한 경고인 동시에 탈레반이 일거수일투족을 감시하고 있다는 뜻이기도 했어요.

아버지와 말랄라는 이런 협박에도 물러서지 않았어요. 하지만 언제나 두려움 속에 살았지요. 아버지는 매일 다른 길로 출근

하며 탈레반의 눈을 피해 다녔고, 말랄라는 밤마다 악몽에 시달렸어요.

탈레반의 위협 속에도 말랄라는 늘 성실히 공부했어요. 시험에서 1등을 놓치지 않았고, 토론대회와 각종 경시대회에서 많은 상을 받았지요. 말랄라는 열심히 공부해서 의사가 되고 싶었어요. 여성의 사회 활동이 제한되는 파키스탄에서는 여자 환자를 돌보는 의사 말고는 여자가 할 수 있는 일이 없기 때문이었어요. 남자 없이는 집 밖에도 혼자 나갈 수 없는 파키스탄의 여성에게 변호사, 예술가, 기술자, 패션 디자이너 같은 직업은 꿈도 꿀 수 없었지요.

그런데 시간이 지날수록 꿈은 조금씩 바뀌어 갔어요. 아버지를 따라다니며 어려운 환경에 놓인 사람들을 만나 온 말랄라는 그 사람들의 삶을 바꿀 수 있는 정치가가 되고 싶다고 생각하게 된 거예요.

2012년 10월 9일은 학교에서 역사 시험이 있던 날이었어요. 열심히 준비한 시험을 끝낸 말랄라는 후련한 마음으로 버스에 올라탔어요. 친구들과 수다를 떨면서 노는 사이 버스는 육군 검문소를 지나 큰길을 달리다가 과자 공장 앞에서 속도를 줄이며 멈춰 섰어요. 그리고 누군가 둔탁한 발소리를 내며 버스에 올라탔어요.

“말랄라가 누구냐?”

거친 남자의 목소리가 버스에 울렸어요. 그리고 이 말이 끝나기 무섭게 총성이 울려 퍼졌어요.

“탕 탕 탕.”

남자가 쏜 총알은 말랄라의 눈 옆 관자놀이를 뚫고 들어가, 왼쪽 어깨에 박혔어요. 옆에 있던 여자아이 두 명도 총에 맞았지요. 말랄라는 구급차에 실려 근처 병원으로 옮겨졌어요. 상태는 밍고라 지역의 병원에서는 손쓸 수 없을 만큼 위급했어요. 말랄라는 헬리콥터를 타고 두 번이나 병원을 옮긴 끝에 위급한 상황을 넘길 임시 수술을 받았어요. 하지만 파키스탄의 부족한 의료 시설로는 완전히 치료할 수 없었지요. 결국 말랄라는 영국 버밍엄의 퀸엘리자베스 병원으로 옮겨져요. 살아 있는 것만 해도 기적이라 할 만했지요.

탈레반은 성명서를 통해 말랄라를 공격한 것을 인정했어요. 그러면서 말랄라의 여성 교육 활동이 이슬람 율법에 어긋나기 때문에 총을 쐈다고 변명했어요.

펜은 칼보다 강하다

말랄라는 몇 차례 수술 끝에 혼수상태에서 깨어났어요. 살아 있었지만, 모든 것이 정상이 아니었지요. 한쪽 귀가 들리지 않았고, 아무 표정도 지을 수 없었어요. 심지어 몸속에는 총알 파편이 남아 있었어요. 그럼에도 말랄라는 살아 있다는 것에 감사하며 신에게 기도했어요.

이후 몇 번의 힘든 수술이 더 이어졌어요. 전 세계에서 말랄라를 응원하는 편지가 병원으로 쏟아졌지요. 파키스탄 대통령도 딸과 함께 위문을 왔어요. 대통령은 선물을 전하며, 말랄라 머리에 한 손을 올렸어요. 파키스탄에서 깊은 존경을 표현하는 의미였지요.

대통령은 말랄라의 아버지가 영국 버밍엄에 있는 파키스탄 영사관에서 일할 수 있도록 자리를 마련해 주었어요. 말랄라의 수술비도 파키스탄 정부에서 내줄 것이라고 약속했지요.

몸이 회복될 즈음, 말랄라는 한쪽 귀에 인공 달팽이관을 넣고, 음향 송신기를 심었어요. 이후 몇 달에 걸친 재활 치료 끝에 병원에서 나올 수 있었어요.

말랄라가 퇴원했을 때는 2013년으로 해가 바뀌어 있었어요. 말랄라는 파키스탄으로 돌아가지 않고 가족과 함께 영국에 살면서 학교에 다녔어요. 죽음의 문턱에서 살아 돌아온 말랄라는 이후 더욱더 여성 교육 운동에 전념했어요.

세계 평화 기구인 유엔UN은 말랄라의 생일인 7월 12일을 '말랄라의 날'로 지정하고 2013년 7월 12일에 연설을 부탁해요. 이

날은 말랄라의 열여섯 번째 생일이었지요. 말랄라는 위축될 법도 했지만 당당히 연설장으로 나가 목소리를 냈어요.

말랄라의 날은 저를 위한 날이 아닙니다. 오늘은 자신의 권리를 지키기 위해 목소리를 높인 모든 여성과 소년, 소녀를 위한 날입니다. 수많은 인권 운동가와 사회 운동가가 교육과 평화, 그리고 평등을 위해 싸웠습니다. 무고한 사람들이 테러리스트에게 목숨을 잃었고, 수백만 명의 부상자가 여전히 고통받고 있습니다. 저는 그 수많은 사람 중 하나일 뿐입니다.
지구의 모든 아이가 학교에 갈 수 있기를 원합니다.
설령 저에게 총을 쏜 그 남자의 아이들이라도 말입니다. 그들이 글을 쓰고 셈을 할 수 있기를! 책을 읽는 행복을 누릴 수 있기를. 그리고 부디 자유롭기를 원합니다.
우리는 침묵을 강요당할 때 비로소 목소리의 소중함을 깨닫습니다. 저도 파키스탄에서 총을 맞닥뜨렸을 때, 책과 연필의 소중함을 깨달았습니다. 한 명의 아이, 한 명의 선생님, 한 권의 책, 한 자루의 연필이 세상을 바꿀 수 있습니다.

16살 소녀의 간절한 목소리는 많은 사람에게 감동을 주었

스트라스부르의 유럽 의회에서 사하로프상을 받는 말랄라

어요. 말랄라에게도 열여섯 번째 생일은 잊지 못할 날로 남았지요. 말랄라는 많은 사람 앞에 우뚝 성장한 자신의 모습을 보면서 아버지를 따라다니며 사람들 앞에 서던 때를 떠올렸어요. 위축되기 싫어서 매일 밤 키가 크게 해달라고 신께 기도하던 때의 모습을 말이에요. 그러면서 말랄라는 신께서 자신을 정말 큰 사람으로 만들어 주었다는 사실을 깨달았어요. 여전히 말랄라는 왜소했지만 그 목소리는 이제 세계 곳곳의 사람들에게 가닿을 만큼 거대했기 때문이에요.

이후 말랄라는 2013년 11월에 유럽 최고 권위의 인권상인 사라로프상을 받고, 2014년에는 역사상 최연소로 노벨 평화상을 받게 되어요. 그리고 이 기록은 아직까지 깨지지 않고 있답니다.

노벨 평화상 최연소 기록을 깰 뻔한 그레타 툰베리

2019년, 노벨상 수상자 발표를 앞둔 언론은 그 어느 때보다 떠들썩했어요. 바로 2014년, 말랄라 유사프자이의 최연소 수상 기록이 5년 만에 깨질 수도 있었거든요. 말랄라의 최연소 타이틀에 당당히 도전장을 내민 주인공은 바로 스웨덴의 환경 운동가 '그레타 툰베리'였어요.

툰베리가 세상에 처음 이름을 알린 건 2018년 여름이었어요. 당시 15세의 중학생이었던 툰베리는 '기후를 위한 학교 거부'라고 적힌 팻말을 들고 스웨덴 국회의사당 정문 앞에서 1인 시위를 벌였어요. 사람과 기자들이 많이 오가는 곳이어서 툰베리의 시위 소식은 순식간에 스웨덴 전역을 넘어 세계로 퍼졌어요. 소식을 들은 많은 사람이 툰베리를 응원했지요. 이후 툰베리를 적극적으로 지지하는 사람들이 늘어나면서 툰베리는 1인 시위를 모두가 참여할 수 있는 캠페인으로 발전시키고, '미래를 위한 금요일'이라는 이름을 붙여요.

툰베리의 활동은 소셜미디어를 통해 퍼지며 빠르게 성장했어요. 2018년 말에는 유럽을 중심으로 수만 명의 학생이 금요일마다 피켓을 들고 거리 시위에 나섰고, '#미래를_위한_금요일', '#기후_파업'과 같은 온라인 해시태그를 통해 전 세계 125개국 이상으로 시위가 퍼져 ㅣ가갔어요.

2019년 9월 20일, 유엔 기후 행동 정상 회의를 앞둔 금요일에 열린 기후 파업 시위는 하루에 400만 명이 넘는 인원이 동참하여 인류 역사상 최대 규모의 기후 시위로 기록되었어요. 그리고 그 거대한 시위 행렬 가장 앞에는 중학생인 툰베리가 서 있었어요.

그레타 툰베리는 2019년 노벨 평화상 후보로 선정되었지만, 아쉽게 수상은 하지 못했어요. 하지만 지금까지도 툰베리는 세계 곳곳에서 일어나는 환경 문제와 인권 문제에 적극적으로 목소리를 내며 활동을 이어 가고 있어요.

고통받는 노동자들을 대신해
자신의 삶을 바친

INFJ

노동자를 위한 영원한 불꽃

전태일

1948~1970

재단사, 노동 운동가

서울 동대문의 평화시장은 의류 상점과 공장들이 모여 있는 곳이에요. 빼곡하게 늘어선 상점들 앞으로는 청계천이 흐르는데, 그 사이를 잇는 버들 다리에는 작업복을 입고 슬픈 표정으로 청계천을 바라보고 있는 전태일 열사의 동상이 있어요.

전태일은 1964년부터 1970년까지 평화시장 근처 의류 공장에서 일했어요. 당시 평화시장은 의류를 생산하고 유통하는 의류 산업의 중심지였어요. 전태일이 발품을 팔아 조사한 자료를 보면, 평화시장, 동화시장, 통일상가 이 세 건물에만 2만 7,000명이 넘는 재봉사, 재단사, 보조 등이 일했다고 해요.

평화시장은 1962년에 한국을 넘어 동양 최대 규모로 지은 의류 도매 상가예요. 1968년에는 그 옆에 통일상가가 생겼고, 1969년에는 바로 옆에 동화시장까지 들어섰지요. 새로 지어진

청계천 버들 다리에 있는 전태일 동상

건물 옥상에 올라가면 바로 옆의 3·1고가도로를 달리는 멋진 자동차를 볼 수 있었어요. 당시 한국은 수출 1억 달러를 달성하며 빠르게 성장하고 있었어요. 겉으로 보기에는 멋지고 화려한 모습뿐이었지요. 하지만 이것은 노동자의 피와 땀을 쥐어짜 만든 빛 좋은 개살구에 불과했어요.

화려한 건물의 끔찍한 속내

1964년 봄, 전태일은 평화시장 노동자로 첫발을 들여놓았

전태일

어요. 처음 한 일은 잡다한 일을 도맡아 하는 보조였어요. 누군가에게는 보잘것없는 일일지 몰라도, 전태일에게는 새 삶을 열어 준 열쇠였지요.

전태일의 가정 형편은 매우 어려웠어요. 아버지가 봉제 기술자였지만, 사업 실패로 집을 잃고 셋방에서 온 가족이 살았거든요. 잠시 학교에 다닌 적이 있긴 하지만, 배움을 이어 가지는 못했어요. 전태일은 16살이 되기 전까지 구두닦이, 신문팔이, 손수레 밀어 주기 등 궂은일을 닥치는 대로 했어요. 그러다가 평화시장 근처 의류 공장에서 보조를 구한다는 광고를 보게 된 거예요. 전태일은 오랜 떠돌이 생활을 끝내고 평화시장에서 직장 생활을 시작했어요.

당시 보조의 한 달 월급은 1,500원이었어요. 하루 숙박비가 120원인데, 일당 50원으로는 하루 끼니도 제대로 때울 수 없었지요. 전태일은 아침 일찍 일어나 구두를 닦고, 껌과 휴지를 팔아 가며 겨우 생활했어요. 14시간 일하고 고작 50원밖에 받을 수 없었지만, 희망을 버리지 않았어요. 열심히 일해 빨리 기술을 배우면 재봉 보조가 될 수 있기 때문이었지요. 재봉 보조가 되면 월급이 2배로 올라가고 잔심부름을 하지 않아도 되었어요. 공장에서 재봉사와 보조의 급여는 하늘과 땅 차이였지요.

1960년대 평화시장의 모습

당시 의류 공장 월급 체계

재단사 : 15,000원~30,000원

재봉사 : 7,000원~25,000원

재단 보조 : 3,000원~15,000원

보조 : 1,500원~3,000원

전태일은 남보다 기술을 빨리 익혀 1년 만에 보조에서 재봉사가 되었어요. 생활이 안정되면서, 뿔뿔이 흩어졌던 가족도 다시 한집에 모였지요.

1966년 가을, 전태일은 평화시장 뒷골목에 있는 통일사에 재봉사로 들어가면서 중단했던 학업을 다시 시작하려고 마음먹었어요. 하지만 평화시장에서 보고 느낀 처참한 노동 현실이 머릿속에서 떠나지 않아 괴로웠어요.

당시 평화시장의 노동 환경은 최악이었어요. 공장에서 제일 밑바닥인 보조는 한 달에 1,500원~3,000원을 받았는데, 그 돈으로는 한 달 식비도 빠듯했지요.

임금도 턱없이 부족했지만 작업 환경은 더 열악했어요. 작업장은 어두컴컴했고, 공기는 탁했지요. 숨을 쉬면 원단을 자를 때 나오는 섬유 먼지가 코로 들어왔어요. 가로 4미터, 세로 7미터가 되지 않는 좁은 공간 안에 32명의 작업자들이 다닥다닥 붙어서 일했어요. 바닥에서 천장까지 높이는 3미터 정도 되었는데, 그마저도 위아래를 둘로 나눠 허리도 펼 수 없는 1.5미터 높이의 다락방에 작업자를 구겨 넣었어요.

이런 환경에서 노동자들은 하루 14시간 이상 고된 일을 반복했어요. 그래서 평화시장에서 5년 이상 일하면, 대부분 눈병, 빈혈, 신경통, 위장병, 폐결핵, 기관지염 등에 걸렸어요. 요즘 같으면 병에 걸린 노동자에게 신체적·정신적 피해 보상을 해 주겠지만, 당시에는 병에 걸리면 바로 해고였어요. 결국, 하루 14시간 일하고 받는 일당 50원은 생명을 하루하루 갉아먹으며 받는 목숨 값에 불과했어요.

전태일은 지옥 같은 노동 현실을 보고 굳게 다짐했어요. 다시 시작하려고 했던 학업을 잠시 멈추고, 재단 보조로 일을 시작하기로 마음먹었지요.

전태일은 왜 안정된 재봉사 일을 포기하고, 다시 재단 보조가 되려고 마음먹었을까요? 당시 평화시장의 의류 공장은 재단사가 공장장 역할을 했어요. 재단사가 생산량, 작업량을 어떻게 지시하느냐에 따라 일하는 사람의 업무량이 달라지는 거였지요. 전태일은 자신이 재단사가 되면 재봉사와 보조 모두가 조금 더 편한 환경을 만들 수 있을 거라고 생각했던 거예요.

1966년 추석이 지나고, 전태일은 평화시장에 있는 한미사에 재단 보조로 들어갔어요. 일이 힘들었지만 아침 8시부터 밤 10시까지 남보다 더 부지런하게 일했지요.

법은 노동자를 구하지 못했다

1967년 2월, 한미사에서 함께 일하던 재단사가 그만두면서 전태일은 꿈에 그리던 재단사가 되었어요. 하지만 어린 여공과 보조를 돕는 데는 한계가 있었어요. 재단사로서 할 수 있는 일이 많지 않았던 거예요.

사실, 열악한 노동 환경의 원인은 다른 곳에 있었어요. 노동자를 쥐어짜서 자신의 배만 불리는 사업주의 욕심과 횡포, 지옥 같은 노동 환경에는 관심이 없고 오로지 경제 성장에만 열 올리는 정부 정책 등이 극복할 수 없는 현실적 문제였지요.

그러던 어느 날, 함께 일하던 재봉사가 기침하면서 재봉틀 위에 피를 토했어요. 전태일은 재봉사를 곧장 병원으로 데려갔지요. 진단 결과는 폐결핵 3기였어요. 회사는 가차없이 재봉사를 해고했어요. 전태일은 충격을 받았지요. 그는 죽어 가는 노동자를 살리고 싶었어요. 젊고 건강했던 사람을 죽음으로 내모는 지옥 같은 노동 현장을 정말 바꾸고 싶었어요.

그때쯤 전태일은 아버지에게 근로기준법이라는 것이 있다는 말을 듣게 되었어요. 전태일은 깜짝 놀랐지요. 지금까지 했던 모든 고민의 해답이 '근로기준법' 안에 있기 때문이었어요.

지식 더하기　　　　　　　　　　　　　　　　⊗ ⊖ ◐

최초의 근로기준법

대한민국 최초의 근로기준법은 1953년에 제정되었다. 일일 근로 8시간, 주당 근무 최대 60시간 등 규정은 비교적 상세했다. 하지만 국민 대부분이 근로기준법을 몰랐고, 위반해도 처벌받는 일이 거의 없었다. 당시 노동자 대부분이 하루 14~15시간 정도 일했으며 한 달에 이틀도 마음대로 쉴 수 없었다.

아버지는 아들이 노동 운동에 뛰어드는 것을 막고 싶었어요. 지금껏 노동 운동은 성공한 적이 없었고, 언제나 결과는 너무 비참했거든요. 전태일의 아버지는 노동 운동은 계란으로 바위 치기 같은 무모한 짓이며, 현실적으로 성공할 수 없다고 설득했어요. 하지만 전태일은 노동 운동에 대한 열정을 꺾지 않았지요.

전태일의 아버지는 젊은 시절 자신이 대구 섬유 단지에서 재봉사로 일하면서 직접 참여한 대구 방직 공장 파업 이야기를 꺼냈어요. 1950년대 평화시장 일대처럼 대구에는 굵직한 섬유 공장이 들어섰어요. 그때도 노동 착취는 매우 심각했지요. 노동자는 억울한 처지에 반발하며 파업 투쟁을 벌였지만, 아무것도 바꿀 수 없었어요.

전태일은 그런 아버지의 이야기를 들으며 노동 운동이 얼마나 힘든 것인지 제대로 알게 되었어요. 하지만 처참한 평화시장의 노동 현실을 머릿속에서 지워 버릴 수는 없었지요. 전태일은 근로기준법 책을 구해 읽었어요. 그런데 그 내용을 알면 알수록 머리는 맑아지고 용기가 솟구쳤어요.

노동자는 일주일에 48시간 일해야 한다는 근로기준법 제42조만 해도 놀라웠지만, 일주일에 평균 1회 이상 유급 휴일(제45조), 18세 미만 어린 근로자를 위한 교육 시설 확립(제63조), 노동자의 건강 진단(제71조), 노동자의 재해 보상(제8장) 등 당시 근로자에게는 꿈만 같던 노동 환경이 현실로 눈앞에 펼쳐졌던 거예요.

전태일은 사업주의 이야기가 곧 법인 줄로만 알고 살아온 자신의 처지가 너무 바보 같았어요. 동시에 근로기준법에 맞춰서 평화시장이 돌아간다면, 노동자는 지옥에서 벗어날 수 있을 거라는 희망도 생겼지요. 전태일은 지금까지 노동자들이 모든 것을 거부당하며 당연한 것조차 요구하지 못한 이유가 근로기준법을 몰랐기 때문이라 생각했어요.

전태일은 공장에 갈 때도 근로기준법 책을 갖고 다니며 공부했어요. 친한 사람을 만날 때는 꼭 근로기준법에 있는 노동자의 권리를 이야기해 주었지요. 주변 친구들은 그의 이야기에 서서히 관심을 가지기 시작했어요.

1968년 겨울, 전태일은 주변 사람들을 만나 재단사 모임을 만들자고 설득했어요. 근로자 한 사람 한 사람을 떼어 놓고 보면 힘없는 존재에 불과하지만, 뭉쳐서 싸우면 큰 힘을 낼 수 있으니 뭉치자는 취지였지요. 모든 것을 이룰 수는 없어도, 힘을 합치면 근로기준법에 적힌 조문 몇 개는 지킬 수 있을 거라고 믿었어요. 그의 설득에 몇몇 친구가 마음을 열고 손을 잡았지요.

뭉쳐야 산다, 바보회

전태일은 재단사 선배를 찾아가 모임을 같이 하자고 설득했어요. 하지만 대답은 절망적이었지요.

"그건 이루어질 수 없어."

“노동 운동을 하겠다고 설치는 놈은 바보야!”

재단사 선배의 말처럼 노동 운동은 쉬운 일이 아니었어요. 전태일은 함께할 수 있는 10여 명을 겨우 모았고, 동화시장에 있는 은하수 다방에서 노동 운동을 위한 첫 모임을 열었어요.

“열악한 노동 환경과 비인간적 대우를 개선하기 위해 노동 운동이 필요합니다.”

전태일이 목에 힘을 주고 노동 운동의 필요성을 주장했지만, 자리에 모인 사람 대부분은 침묵을 지키며 그의 말을 조용히 들을 뿐이었어요.

그럼에도 전태일은 포기하지 않았어요. 만날 때마다 근로기준법의 세부적인 내용들을 설명해 주었지요. 그 덕분에 몇 달이 지나자, 모인 사람들 모두 노동 문제 개선이 필요하다는 것을 알게 되었어요.

1969년 6월, 전태일의 노력 끝에 재단사 모임은 정식으로 창립총회를 열었어요. 전태일은 모임 이름을 ‘바보회’라 짓고 그 이유를 사람들 앞에서 설명했어요.

“업주에게 부당한 대우를 받으면서 바보처럼 찍소리도 못 했으니 우리 모임은 바보들의 모임이다. 이것을 우리가 반드시 깨달아야 한다.”

그러고 나서 전태일은 체계적인 노동 운동을 펼치기 위해 활동 지침을 제안했어요.

전태일의 제안에 회원들은 다양한 의견을 내놓았어요. 대부분 시기상조라는 의견이 많았지요. 하지만 전태일은 평화시장의 지옥 같은 노동 환경을 이야기하며 설득을 멈추지 않았어요. 결국, 4항을 제외한 나머지가 바보회의 활동 지침으로 결정되었어요. 근로기준법을 준수하는 모범 업체 설립은 돈도 사람도 부족한 그들에게 너무 막연했기 때문이에요.

바보회의 활동은 미약했지만, 그들이 대한민국 노동 운동의 단단한 씨앗임은 틀림없었어요. 전태일은 노동자를 만나면 근로기준법을 설명하고, 노동 운동의 중요성을 알려 주며 누구보다 열심히 활동했어요.

하지만 시간이 흐르면서 일부 사람들이 전태일을 곱게 보지 않기 시작했어요. '노동자들을 선동해 문제를 일으키는 위험한 사람'이라고 낙인찍으며 비난했지요. 결국, 전태일은 일하던 공장에서 쫓겨나고 말았어요. 엎친 데 덮친 격으로 평화시장 인근의 공장 업주들에게 소문이 나서 다른 공장에도 들어갈 수 없었어요.

전태일은 생계가 막막했어요. 먹고살기 위해서도 돈이 필요했고, 노동 운동을 하려 해도 돈이 있어야 했지요. 전태일은 구로동, 남대문, 동대문 등을 돌아다니며 일자리를 구하고 다녔어요. 하지만 제대로 된 일자리가 구해지지 않아서 짧게 이곳저곳에서 일하며 겨우 생계를 유지했지요.

1969년 8월 무렵, 바보회는 활동 지침으로 정한 실태 조사를 시작했어요. 전태일은 설문지 300매를 인쇄하는 데 닷새 동안 일하고 받은 임금 모두를 털어 넣었지요. 바보회 회원 서너 명이 평화시장 곳곳을 돌아다니며 노동자들에게 설문지를 돌렸어요. 업주의 눈치를 봐 가며 설문지 돌리는 일은 쉽지 않았어요. 설문을 하다 업주에게 들키면 설문지를 뺏기는 일도 많았지요. 바보회에서는 설문지를 100장이나 돌렸지만, 돌아온 설문지는 30장밖에 없었어요.

전태일은 좌절하지 않았어요. 수거된 설문지 30여 장을 회원과 함께 꼼꼼하게 분석했지요. 그리고 설문 조사 내용을 근거로 진정서를 작성했어요. 진정서를 가지고 시청을 찾은 전태일은 부푼 희망을 안고 근로 감독관을 찾아갔어요.

"어떻게 왔소?"

근로 감독관은 전태일을 힐끗 쳐다보며 귀찮다는 표정을 지었어요.

"평화시장에 있는 공장 노동자의 지옥 같은 작업 현실과 불법 행위를 알리려고 왔습니다."

이렇게 시작된 전태일의 말은 끝이 없었어요. 평화시장에서 일어나는 불법 행위만 이야기해도 수십 건이 넘었거든요. 이야기가 끝나지도 않았는데 근로 감독관은 말을 툭 끊으며 짜증을 냈어요.

"그 이야기 다 들을 시간 없으니, 요점만 간단히 말해!"

전태일은 최대한 줄여서 이야기했지만 근로 감독관은 듣는 둥 마는 둥 눈길도 주지 않았어요.

"알았으니 서류 두고 가!"

너희가 아무리 외쳐 봤자 해줄 수 있는 게 아무것도 없으니 빨리 사라지라는 것이나 다름없는 태도였어요. 충격을 받은 전태일은 노동청을 찾아갔어요. 하지만 그곳도 시청과 크게 다르지 않았지요.

근로기준법이 모든 것을 해결해 줄 거라는 희망, 아니 하나
라도 해결해 줄 수 있을 거라는 조그만 희망까지 송두리째 날아
갔어요. 하지만 전태일은 깨달은 것이 있었어요. 기업의 횡포와
불법 행위를 고발하면 국가나 근로 감독관이 해결해 줄 거라는
믿음이 틀렸다는 것이었지요.

근로 감독관과 노동청은 기업의 불법 행위를 알았지만, 못
본 척 고개를 돌리고 눈을 감고 있는 거였어요. 전태일은 이제
기업뿐 아니라 시청, 노동청, 국가를 상대로 싸워야 한다는 사실
을 깨달았어요.

모범 기업이라는 상상의 늪

기대했던 만큼 따라오는 실망은 더 컸어요. 기업과의 싸움
도 쉽지 않은데 국가와 싸워야 한다는 현실이 막막하게만 느껴
졌지요. 어디서부터 어떻게 다시 시작해야 할지 감도 잡을 수 없
었어요.

전태일은 지금까지 기업과 싸우기 위해 했던 노력을 떠올
렸어요. 동료를 어렵게 설득해서 바보회를 설립하고, 모르는 한
자를 물어 가며 근로기준법을 공부하고, 심지어 대통령에게 진
정서를 써서 보내기도 했지요.

전태일의 가장 큰 목표는 모두가 '현실적으로 불가능하다'

전태일

고 말하던 근로기준법을 지키는 모범 기업을 만드는 것이었어요. 그래서 전태일은 기업 운영에 필요한 구체적인 비용을 계산해 보기도 했어요.

당시 보조의 월급이 1,500원~3,000원이었지만, 전태일이 설계한 모범 기업은 보조의 월급이 8,000원이었어요. 그뿐 아니라 1개월간 운영했을 때의 매출 분석, 4단계 사업 계획 등 전태일은 생각보다 매우 치밀하게 모든 것을 계획했어요. 그리고 이런 기업을 세우기 위해서는 자금 3,000만 원이 필요하다는 결론에 도달해요. 3,000만 원은 전태일이 재단사로 일하면서 평생 한 푼도 쓰지 않고 모아도 부족한 큰돈이었지요.

전태일은 3,000만 원을 구할 수 있는 방법을 찾아봤지만, 그렇게 큰돈을 당장 구하기는 어려웠어요. 하지만 전태일은 포기하지 않았지요. 개인에게는 3,000만 원이 큰돈이지만 끔찍한 노동 환경에서 고통받는 수많은 노동자를 생각하면 그리 큰돈이 아니었던 거예요. 전태일은 돈을 구할 수 없다는 현실의 높은 벽 너머, 모범 기업 설립이라는 꿈을 놓지 못하고 극단적인 상상까지 하게 되어요.

그는 자신이 한쪽 눈을 다른 사람에게 기증하면, 그 선행이 세상에 널리 알려져 많은 사람의 마음을 움직이고, 모범 기업 설립에 뜻이 있는 사람이 돈을 투자할 것이라고 생각했어요. 이런 상상은 단순한 몽상가적 발상에 그치지 않았어요. 전태일은 〈중앙일보〉에 실린 실명한 음대 졸업생에 대한 기사를 보고 자신이 눈을 기증하겠다고 신문사에 편지를 보냈어요. 하지만 이 편지는 신문에 실리지 않았지요.

전태일은 모든 노력이 허사가 되었다고 생각했어요. 자신의 힘으로 아무것도 할 수 없다는 허탈감에 빠졌지요. 그는 절망한 채 몇 달을 방황했어요. 그리고 오랜 고민 끝에 지옥 같은 노동 현실을 바꾸기 위해서는 죽음으로 이 현실을 알리는 길밖에 없다는 결론에 도달했어요. 전태일은 유서까지 적었지만 자기 생각에 확신이 없었어요.

'나 하나 죽는다고 과연 대한민국 노동 환경이 바뀔까?'

이런 생각을 수없이 했지요. 전태일은 여전히 답답했어요. 근로 감독관의 외면과 노동청의 의도적인 무시로 받은 충격이 여전했던 거예요.

침묵을 깨고 나온 평화시장

전태일은 생각을 정리하기 위해 도시를 떠나 북한산에 있는 임마누엘 수도원 공사장으로 올라가 일해요. 그리고 1970년 8월 9일, 북한산에 올라간 지 4개월 만에 평화시장 동료 곁으로 돌아가겠다고 다짐하며 하산했지요.

전태일은 북한산에서 내려와 4개월 동안 기른 머리부터 짧게 자르고 다시 재단사 일을 시작했어요. 전태일이 평화시장에 나타나자, 흩어졌던 바보회 회원들이 하나둘 모이기 시작했어요. 새로운 시작이었지요.

전태일은 새로운 회원이 들어오면 근로기준법을 알려 주고, 틈날 때마다 시청, 노동청을 찾아가 진정서를 제출했어요. 신문 기자를 만나고, 방송국도 찾아갔지만, 크게 달라지는 것은 없었지요.

1970년 9월 중순, 전태일은 평화시장 앞에서 예전부터 알고 지내던 직장 동료를 만났어요. 그는 전태일에게 〈시민의 소리〉라는 TV 방송에 나가서 직접 요구 사항을 말해 보라는 조언을 해요. 전태일은 그 말을 듣고 곧장 방송국으로 달려가지요.

방송국의 문턱은 생각보다 높았어요. 담당자는 전태일의 이야기를 듣고, 확실한 통계 자료나 근거 없는 추상적인 이야기는 방송에 내보낼 수 없다며 선을 그었어요.

예전의 전태일이었다면 쉽게 포기하고 절망했을 테지만, 유서까지 쓰고 평화시장에 돌아온 전태일은 달랐어요. 다시 서울시청 사회과와 노동청을 찾아갔지요. 그러다가 노동청 정문 앞에서 우연히 〈경향신문〉 기자를 만나게 되어요.

"전태일 씨, 이 정도 조사 자료로는 부족합니다. 평화시장의 실태 파악을 위해 더 많은 자료가 필요합니다. 진정서를 제출할 때도 사람이 많으면 좋습니다.”

기자는 전태일이 모은 자료들을 보며 진심어린 충고를 해 주어요. 이 충고는 전태일의 신념에 다시 불을 지르지요. 전태일은 ‘바보회’의 이름을 ‘삼동회’로 바꾸고, 조직을 단단히 다시 꾸렸어요. 기자의 조언에 따라 설문 조사도 서둘러 진행해 며칠 만에 설문지 126장을 받았지요. 노동청에 낼 진정서를 적으면서도 삼동회 회원 외 90명의 서명을 추가로 받아 냈어요.

1970년 10월 6일, 삼동회 회장 전태일은 노동청에 ‘평화시장 피복 제품상 종업원 근로 개선 진정서’를 제출했어요. 그날 오후, 〈경향신문〉에는 평화시장의 참상에 관한 보도가 실렸고, 곧이어 다른 신문도 평화시장에 대한 노동 실태를 기사로 다루기 시작했어요. 전태일은 신문을 보고 가슴이 벅차올랐어요. 아무도 귀 기울여 주지 않던 노동자의 목소리에 드디어 사람들이 주목하는 기적과 같은 일이 눈앞에서 벌어졌기 때문이었어요.

지금까지 꿈쩍도 하지 않던 평화시장은 지진이 난 듯 크게 흔들렸어요. 침묵을 지키던 노동자들도 제 목소리를 내기 시작했지요. 노동청은 허겁지겁 대책을 발표하고, 신속하게 실태 조사를 해서 근로기준법 위반 업체를 고발하겠다고 엄포까지 놓았어요. 노동청 근로 기준 국장이 삼동회를 찾아와 “취직을 하고 기다리면, 일주일 이내로 모든 것을 바로잡아 주겠다"고 약속까지 했지요. 이것은 삼동회를 회유하기 위한 거짓말에 불과했지만, 전태일은 또 한 번 희망을 걸었어요.

삼동회 사람들이 모두 취직하고 일주일이 지났지만, 어느 것 하나 달라진 것이 없었어요. 전태일은 정부를 향해 선전포고를 했어요.

"말로 해결이 안 나겠으니, 10월 20일에 노동청 정문 앞에서 시위를 하자!"

10월 20일은 국회에서 노동청에 대한 국정 감사가 있는 날이었어요. 전태일의 선전 포고에 놀란 근로 감독관은 삼동회를 찾아와 다시 설득했어요.

"앞으로 근로 감독권을 강력히 발휘해서, 업주에게 당신들의 요구 조건을 다 들어주라고 할 테니 며칠만 기다려 주세요."

믿을 수 없는 제안이었지만, 전태일은 속는 셈 치고 10월 20일로 예정된 시위를 잠시 미루었어요. 하지만 이것도 시간을 끌기 위한 술책에 불과했지요. 결국, 전태일은 최후의 결심을 내려요.

영원한 불꽃이 되다

"대한민국에 근로기준법은 이지 없다. 근로기준법을 태워 버리자!"

1970년 11월 13일, 평화시장 앞 국민은행 근처에 노동자 300여 명이 모였어요. 평화시장을 지키는 경비가 몽둥이를 손에 들고 뛰어나와 노동자를 해산시켰어요. 평화시장 업주들은 경찰에게 미리 연락을 받고 노동자들이 밖으로 나가지 못하도록 문을 잠갔지요. 경찰과 경비는 국민은행 앞길 통로까지 막아 서서 사람들의 이동을 아예 차단해 버렸어요.

삼동회 회원은 건물 3층에서 아래를 내려다보았어요. 이대로라면 계획은 실패로 돌아갈 게 분명했지요.

"책을 가지고 먼저 내려가게. 나는 조금 있다가 내려가겠네."

전태일은 차분한 목소리로 이야기했어요. 동료가 근로기준법 책을 가지고 내려가자, 전태일은 온몸에 휘발유를 뿌렸어요. 그러고는 조용히 1층으로 내려갔지요.

"불 좀 붙여 주게."

삼동회 회원 한 명이 성냥에 불을 붙여 전태일의 옷에 살짝 갖다 대는 시늉을 했어요. 많은 사람의 눈길을 끌기 위해 옷에 불을 붙이고 바로 끄면 된다고 생각했기 때문이었지요.

순간, 옷 위로 불길이 솟구쳤어요. 전태일은 국민은행 앞길로 뛰쳐나갔어요.

"근로기준법을 준수하라!"

“우리는 기계가 아니다! 일요일에는 쉬게 하라!”

“노동자들을 혹사하지 말라!”

전태일은 몇 마디를 외치다가 쓰러졌어요. 삼동회 회원은 근로기준법 책을 불길 속으로 던졌지요. 1970년 11월 14일, 대한민국 근로기준법은 불길 속에 활활 타올랐어요.

전태일은 곧장 병원으로 옮겨졌어요. 전신에 심각한 화상을 입은 상태였지요. 그런데 의사는 전태일이 돈이 없다는 이유로 치료를 받고 싶으면 근로 감독관에게 보증을 받아 오라고 요구했어요. 전태일의 어머니인 이소선 여사는 근로 감독관을 찾아갔지만 보증을 거부당했어요. 결국 전태일은 제대로 된 치료도 받지 못한 채 “배가 고프다”라는 마지막 말을 남기고 숨을 거둬요.

전태일이 세상을 떠나자 한국 사회는 크게 들썩였어요. 산업화의 그늘에 가려진 노동자의 현실에 사회가 주목하기 시작한 거예요. 사람들은 분노했고, 노동자들의 투쟁은 더욱 거세졌어요. 이는 훗날 노동 운동을 넘어 대한민국 민주화 운동의 발판이 되었다는 평가를 받아요.

전태일은 이제 세상에 없지만, 그의 정신은 아직 우리 곁에 남아 있어요. 그를 기리는 많은 사람이 모여 만든 ‘전태일 재단’은 도움이 필요한 노동자들의 든든한 기댈 곳으로 활발히 운영

되고 있고, 매년 그의 이름을 딴 노동자를 위한 여러 행사가 열

리고 있어요.

11년 만에 국회를 통과한
노란봉투법

2014년, 한 기업이 노동자를 상대로 파업에 의한 손해 비용 47억을 배상하라는 소송을 진행해요. 법원은 기업의 손을 들어 주었고, 노동자들은 졸지에 어마어마한 소송 비용을 떠안게 되었지요. 시민들은 기업의 횡포에 분노했고, 소송당한 노동자들에게 후원금을 보내기 시작했어요. 이때 시민들이 후원금을 노란색 봉투에 담아서 보낸 것에서 유래하여 '노란봉투법'이 처음 만들어졌어요.

노란봉투법은 기존 법률에 비해 노동자의 권리를 더 넓게 인정하는 법이에요. 앞서 언급된 사례처럼 기업이 노동자의 정당한 노조 활동에 손해 비용을 청구하는 것을 제한하고, 더 넓은 범위의 노조 활동을 허용해요. 더불어 큰 기업이 중간 기업에게 일을 맡기고, 중간 기업이 다시 작은 기업에게 일을 맡기는 하청 구조에서 큰 기업의 책임을 더 강화하는 내용도 법안에 포함되어 있어요. 하지만 노란봉투법은 기업의 경제 활동에 발목을 잡는다는 이유로 오랜 시간 국회 문턱을 넘지 못했지요.

법안이 국회에 묶여 있는 동안 많은 노동자가 고통받았어요. 기업의 소송은 멈추지 않았고, 하청 노동자의 사망 사고는 꾸준히 이어졌지요. 그러면서 노란봉투법의 필요성은 점점 더 강조되기 시작했어요. 결국 2025년,

노란봉투법은 국회 본회의를 거쳐 11년 만에 정식 법안으로 채택되어요.

　　　노란봉투법의 통과로 우리의 노동 환경은 조금 더 나아졌다고 볼 수 있어요. 하지만 아직 갈 길은 멀지요. 노란봉투법이 성공적으로 시행되어 건강한 노동 문화가 정착될 수 있도록 정부와 기업, 그리고 노동자의 꾸준한 노력과 협력이 필요해요.

힘에 굴복하지 않고
손잡고 정의를 지킨

ENFJ

독재를 무너뜨린 10대 청소년

2·28민주운동

1960

고등학생

1960년 2월 25일 목요일 오후, 대구 경북고등학교의 학생들은 선생님의 종례 말씀을 기다리고 있었어요. 교단에 선 선생님은 평소와 다르게 출석부를 뒤적이며 자꾸 뜸을 들였지요. 학생들은 집에 갈 생각에 정신이 팔려 시계만 바라보았어요.

"중간고사 시험 일자가 28일, 일요일로 앞당겨졌다. 그러니 이번 주 일요일에는 모든 학생이 빠짐없이 등교할 수 있도록. 이상."

선생님은 출석부를 교탁에 탁탁 쳐서 정리하며 아무렇지 않은 척 말했어요. 종례가 끝나면 곧장 밖으로 달려 나가려던 학생들은 순간 얼어붙었지요. "일요일?", "시험은 다음주 아니야?" 웅성거리는 목소리가 퍼지기 시작했어요. 쉬는 날인 일요일에 학교에 오라니, 심지어 중간고사 시험 일정까지 앞당긴다니, 어이가 없었지요. 그런데 그때, 한 학생이 손을 들고 선생님에게 질문했어요.

"일요일에 장면 부통령 후보가 대구에서 유세를 한다고 하던데 그것과 관련이 있습니까?"

당돌한 질문에 선생님은 당황한 표정으로 고개를 저으며 아니라는 말을 반복했어요. 하지만 그 순간, 교실 안의 학생 모두는 선생님이 거짓말을 하고 있다는 걸 단번에 알 수 있었지요.

1960년은 한국 근대 역사에서 격동의 시기였어요. 이승만 정권의 3·15부정선거와 그로 인한 4·19혁명이 있었고, 결국 이승만 대통령이 하야했지요. 그런데 그 사건이 일어나기 전인 1960년 2월 28일, 한국 최초의 민주화 운동으로 기록된 2·28민주운동이 있었다는 사실을 알고 있나요?

반쪽짜리 광복, 독재의 서막

2·28민주운동을 이해하려면 일제강점기 이후 우리나라의 시대 배경을 먼저 알아야 해요. 1945년 8월 15일, 한반도는 광복을 맞았지만 일본이 떠난 자리에는 미국과 소련의 군대가 들어왔어요. 한반도는 북위 38도선을 경계로 나뉘었고 북쪽은 소련, 남쪽은 미군이 맡아 통치했지요. 미군의 통치는 3년 동안 지속되었고, 1948년이 되어서야 남한의 총선거가 시행되었어요. 그

때 대통령으로 선출된 사람이 바로 이승만이었지요.

이승만 정권이 들어서고 채 2년이 지나지 않은 1950년 6월 25일, 한반도에는 전쟁이 일어나요. 한 민족이 서로를 향해 총구를 겨누는 끔찍한 시간이 이어졌지요. 이승만은 이 혼란한 시기에 기존 대통령 간선제로는 재선 가능성이 없다고 판단하고, 대통령직을 이어 가기 위해 자신에게 유리한 대통령 직선제와 의회 양원제로 헌법 개정을 밀어붙여요. 국회의원들은 헌법을 부당하게 바꾸려는 시도에 크게 반발했지요. 그래서 처음 진행된 헌법 개정안 국회 찬반 투표는 반대표가 더 많이 나오며 받아들여지지 않았어요. 하지만 권력을 절대 포기할 수 없었던 이승만은 군과 경찰을 동원하여 국회를 포위하고 두 번째 헌법 개정 찬반 투표를 실시해요. 공포 분위기 속에 치러진 두 번째 찬반 투표는 출석 166명 중 찬성 163표, 반대 0표, 기권 3표로 통과되지요. 이를 '발췌 개헌'이라고 불러요.

이승만 대통령이 헌법을 개정한 것은 한 번만이 아니었어

사사오입 개헌이 단행되자 국회 부의장 멱살을 잡는 민주당 이철승 의원

요. 휴전 이후인 1954년 11월에는 대통령을 세 번 이어 할 수 없도록 하는 기존 헌법 조항을 삭제하는 개헌을 시도해요. 개헌안은 이번에도 국회의 문턱을 넘지 못했어요. 개헌안 표결에 출석한 국회의원 202명 중 찬성 135표, 반대 60표, 기권 7표로, 딱 한표가 부족해서 통과하지 못한 거예요. 하지만 투표 부결 이틀 후, 통과된 법을 공개적으로 알리는 역할인 공보처장이 예정에 없던 담화문을 발표하고 마음대로 개헌안을 통과 처리해 버려요.

자유당의 논리는 이랬어요. 전체 의원 3분의 2 이상의 동의를 받아야 개헌안이 통과되는데, 당시 그 인원은 '135.3333…'이었어요. 다시 말해 136명의 동의가 필요했지요. 하지만 자유당은 소수 자리의 숫자는 표결 계산에서 제외해야 하기 때문에 135표의 찬성만으로도 3분의 2 이상 동의를 받은 거라는 황당한 주장을 펼친 거예요. 하지만 당시에는 이승만 정권을 견제할 충분한 힘을 가진 정당도, 사람도 없었기 때문에 부당한 헌법 개정안은 그대로 통과돼요. 이 사건을 '사사오입 개헌'이라고 불러요.

일요일 등교의 숨겨진 진실

이승만 대통령의 독재와 자유당의 부정부패는 시간이 갈수록 심해졌어요. 4대 대통령 선거 및 5대 부통령 선거를 앞두고 자유당은 선거 승리를 위해 불법적 수단까지 동원했지요.

당시 민주당 대통령 후보 조병옥은 이승만 대통령의 가장 위협적인 경쟁자였어요. 하지만 선거를 앞두고 조병옥이 심장병으로 갑자기 사망하면서 선거의 관심은 부통령으로 쏠렸지요. 당시 이승만은 86세의 고령이었어요. 이승만의 나이를 생각하면 대통령이 갑자기 직무를 할 수 없게 될 때 권력이 넘어갈 부통령에게 시선이 집중되는 것은 당연했지요. 1960년 3월 15일에 있을 선거에서 누가 부통령으로 선출되느냐에 따라 희비가 갈릴 수 있는 상황이었어요.

야당인 민주당 후보로 나선 사람은 현직 부통령이었던 장면이었어요. 자유당에서는 이기붕이 후보로 나왔지만, 당선 가능성이 낮았지요.

당시 대구 지역은 1956년 부통령 선거에서 장면의 부통령 당선에 결정적인 역할을 한 지역이라 야당에게 유리했어요. 위기감을 느낀 이승만과 자유당은 1960년 2월 28일 일요일에 예정된 장면 부통령 후보의 대구 수성천변 유세에 많은 사람이 참여하지 못하도록 모든 수단과 방법을 동원했던 거예요.

대구 시내 각 학교에 강제 등교 지시가 떨어졌어요. 대구의 8개 공립 고등학교에서는 온갖 핑계를 만들어 일요일 강제 등교를 밀어붙였지요.

당시 강제 등교를 강행한 고등학교의 등교 사유

경북고등학교 – 학기 말 시험

대구고등학교 – 교내 운동 시합

경대사범고등학교 – 청소와 오락 시간

경북여자고등학교 - 사은회

대구여자고등학교 – 송별회와 무용 발표회

대구공업고등학교 – 일제고사

대구농림고등학교 – 졸업식 예행 연습과 음악 지도

대구상업고등학교 – 졸업식 예행 연습

“선생님, 정말 이건 아니지 않습니까?”

많은 학생이 일요일 강제 등교 지시가 잘못되었다고 말하며, 그 지시를 취소해 달라고 강력하게 요구했어요. 선생님은 예상치 못한 학생들의 강한 반발에 고개도 제대로 들지 못한 채 말했어요.

“교육자로서 나의 양심이 용납하지 않는다. 그러나 대세는 기울었다. 소수는 어쩔 수 없이 대세에 따를 수밖에 없다. 부디 일요일 하루만 무사히 넘기자.”

부당한 지시라는 것을 알면서도 따르는 선생님의 모습을 보며 학생들은 더 분노했어요.

“불의에 맞서 싸우는 것이 정의라고 배웠는데, 불합리한 현실을 방관할 수는 없습니다.”

학생들은 그렇게 말하고 모두 모여 학급 회의를 열었어요. 회의가 시작되자 학생들은 목소리를 높여 의견을 발표했지요.

“12년 동안 이어진 이승만의 독재로 우리나라는 부패했어. 일본에 맞섰던 3·1운동 정신을 이어받아서 민주주의를 위협하는 독재자에 맞서자!”

“그런데 정부에 맞서서 시위를 했다간 그날로 경찰이나 군인에게 잡혀 죽을 수도 있어. 괜찮을까?”

“죽는다고 해도 우리 목숨이 민주주의를 발전시키는 데 밑

거름이 될 수 있으면, 나는 그걸로 만족할 수 있어. 우리 모두 일요일에 시위에 나서자!"

일부 반대 의견도 있었지만 학생 대부분이 이승만의 독재를 비판했고, 모두 거리로 나가 불의에 맞서 싸우기로 다짐했어요.

대구 시내 모든 학교는 학생의 반발에도 불구하고 일요일 강제 등교를 강행하기로 결정했어요. 경북고등학교뿐 아니라 많은 학교에서 무리한 조치에 반발한 학생들이 모여 일요일 강제 등교 지시에 대한 거부 의사를 밝히기로 계획했지요.

1960년 2월 27일 토요일, 경북고등학교 이대우 학생 부위원장의 집에 많은 학생이 모였어요. 이들은 독재 정권의 부당한 강제 등교 지시에 항의하는 시위를 계획했지요. 회의는 밤늦게까지 이어졌어요. 결국 이들은 "횃불을 밝혀라, 동방의 빛들아!"를 구호로 삼고 대구 시내 다른 고등학교와 연대하여 시내에서 시위를 하기로 결정해요. 결의문은 이대우가 한 학년 선배였던 하청일에게 부탁했지요.

독재 정권에 맞선 10대

2월 28일 일요일 낮 12시 50분, 경북고등학교에는 대부분의 학생이 등교했어요. 하지만 학교는 어수선했지요. 800여 명에 이르는 학생들이 모두 교실이 아닌 운동장 단상 앞으로 모여들고 있었거든요. 학생들의 수상한 움직임을 알아챈 교사들은 교무실에서 나와 소리 지르며 학생들을 흩어지게 하려고 애썼어요. 하지만 선생님들의 부당한 지시에 분노한 학생들은 오히려 더 단단히 뭉치며 함성을 내질렀어요.

12시 55분, 교내 분위기는 이미 달아오를 대로 달아올라 있었어요. 학생 부위원장 이대우와 학생 위원 안효영은 혼란한 틈을 타 전날 작성한 결의문이 적힌 종이를 쥐고 단상으로 뛰어올랐어요. 깜짝 놀란 교사들이 제지하려 달려들었지만, 전교생이 단상을 완전히 둘러싸며 교사를 막아섰어요. 단상에 선 이대우는 우렁찬 목소리로 결의문 낭독을 시작했어요.

백만 학도여! 피가 있거든 우리의 신성한 권리를 위하여 서슴지 말고 일어서라. 학도들의 붉은 피는 지금 이 순간에도 뛰놀고 있으며 정의에 배반되는 불의를 쳐부수기 위해서는 이 목숨이 다할 때까지 투쟁하는 것이 우리들의 기백이며, 이러한 행위는 정의감에 입각한 이성의 호소인 것이다.
우리는 끝까지 이번 처사에 대한 명확한 대답이 있을 때까지 싸우련다. 이 민족의 울분, 순결한 학도의 울분을 어디에 호소해야 하나? 우리는 일치단결하여 피끓는 학도로서 최후의 일각까지 부여된 권리를 수호하기 위하여 싸우련다.

결의문 낭독이 끝나자, 학생들은 박수를 치며 함성을 질렀어요. 그러고는 이승만 정권의 불의와 부정을 규탄하며 교문을 뛰쳐나갔지요. 2·28민주운동은 대구 시내에 있는 8개 고등학교 1학년과 2학년 학생들의 주도로 이뤄졌어요.

2월 28일 오후 1시, 경북고등학교 학생 800여 명은 대구 중심부인 반월당을 거쳐 경북도청으로 향했어요. 대구고등학교 학생도 거리로 뛰쳐나와 항의 시위를 펼쳤지요. 시내 곳곳에서 독재를 꾸짖고 민주주의를 요구하는 함성이 울려 퍼졌어요. 시위대는 매일신문사를 거쳐 경북도청, 대구시청, 자유당 경북도 당

결의문 낭독 후, 교문으로 뛰어가는 경북고등학교 학생들

사, 경북 도지사 관사 등을 돌며 이승만 정권의 독재 정치를 강하게 비판했어요. 대구 시민은 거리로 나온 학생을 응원하며 경찰에게 쫓기는 학생을 숨겨 주었지요.

대구상고, 경대사대부고 등의 학생은 교내에서 단식 농성을 하거나 학교 담을 넘어 시위대에 합류했어요. 경북여고, 대구여고, 대구공고, 대구농고 등의 학생은 수성천변 유세장으로 달려갔지요. 약 220여 명의 학생이 경찰에 체포되었고, 각 학교의 교사도 경찰의 조사를 받아야 했어요. 대구 지역 언론은 2·28민주운동을 대대적으로 보도했어요. 곧이어 마산, 대전, 부산, 서울 등에서도 시위가 일어났지요.

학생의 목소리, 전국으로 퍼져 나가다

2·28민주운동이 일어나기 전까지 학생은 독재 정권의 정치 도구로 이용당하기만 했어요. 당시 학생과 지식인은 이승만 정권을 누구보다 비판했지만, 실제 집단으로 맞서 싸운 것은 대구 지역의 고등학생들이 처음이었지요. 언론은 대구 지역 학생들의 집단 시위를 집중적으로 보도했어요. 시민은 큰 충격을 받았지요. 국회 안에서도 이 사건을 놓고 자유당과 민주당 사이 충돌이 일어났어요. 전국 곳곳에서는 이승만 정권에 반대하는 목소리가 하나둘 터져 나오기 시작했어요.

1960년 3월 1일자 동아일보 신문 1면

대구와 비슷하게 고등학생에게 민주당 발표회에 가지 말라는 지시가 내려졌던 대전에서는 선생님이 학교 수업 시간에 이승만 대통령의 연설 녹음을 틀어 놓거나, 가정 방문을 핑계로 자유당 선거 운동을 하기도 했어요. 심지어 사복 형사가 교내에서 학생을 감시하기도 했지요. 결국 부당한 지시에 반발한 1,000여 명의 고등학생이 교문을 밀고 담을 넘어 거리로 뛰쳐나갔어요. 경찰은 그런 학생을 폭력을 사용하여 막았지요.

부산에서는 부정 선거에 반발한 여러 고등학교의 학생이 연대하여 시내를 행진했어요. 시민은 구호를 외치며 행진하는 학생들을 보며 응원을 보냈지요. 이들은 부정 선거에 반대하는 전단지도 수백 장을 뿌렸는데, 경찰은 이들을 강하게 저지했어요.

하지만 이런 시민의 외침에도 이승만 정부는 기어코 3월 15일에 선거를 강행해요. 투표장은 말 그대로 난장판이었어요. 자유당은 폭력배를 동원하여 공정하게 선거가 진행되는지 감시하는 야당 참관인을 쫓아냈어요. 그러고는 투표하는 사람에게 돈을 주거나 자신들이 이미 끌어들인 사람에게 여러 장의 투표 용지를 주며 선거를 멋대로 진행했어요. 그 결과, 대통령은 90퍼센트에 달하는 득표율로 이승만이 당선되었고, 부통령은 모두가 떨어질 것이라 예상했던 자유당의 이기붕이 80퍼센트에 달하는 득표율로 당선돼요.

야당인 민주당 마산시 지부는 불법적인 부정 선거 내용을 폭로하고 선거 무효를 주장했어요. 분노한 시민 1,000여 명이 거리로 쏟아져 나왔어요. 경찰은 총을 쏘며 시위대를 막아섰어요. 그 과정에서 수많은 학생이 가슴에 총을 맞고 쓰러졌지요.

4월 11일, 중앙 부두 앞 바다에서는 3월 15일 시위에 참여했다가 행방불명된 마산상업고등학교 김주열 열사의 시신이 발견되었어요. 눈에 경찰의 최루탄이 박힌 채 사망한 교복을 입은

10대 소년의 모습에 시민들은 크게 분노했어요. 거리로 쏟아져 나온 군중의 숫자는 순식간에 3만여 명으로 늘어났어요. 시위대는 자유당 정치인의 집과 관공서를 공격했어요. 경찰의 강경한 저지에도 시위는 사흘 동안이나 이어졌지요.

피의 화요일, 승리의 화요일

4월 19일 화요일 오전, 3만여 명의 학생이 광화문과 서울 시청 앞에 모여 시위를 벌였어요. 그런데 경찰은 또다시 학생을 상대로 총을 발포했고, 다치거나 죽는 학생이 생겼어요. 국민을 지켜야 할 국가가 오히려 국민에게 총구를 들이미는 어처구니 없는 현실이 반복되자 시민들은 참을 수 없는 분노를 느꼈어요. 오후가 되자 강한 진압에도 불구하고 더 많은 사람이 거리로 쏟아져 나왔어요. 이때 서울에서 시위에 참여한 군중의 숫자만 10만여 명이 넘었다고 해요. 이날 시위는 서울뿐 아니라 전국 각지에서 동시다발적으로 일어났어요.

시민의 강렬한 저항에 두려움을 느낀 이승만은 오후 3시에 계엄령을 선포했어요. 하지만 시민들은 물러서지 않았지요. 피의 화요일이라고 불리는 4월 19일 당일에만 100명이 넘는 사망자가 발생했어요.

이승만 정부의 폭력적인 대응에 미국을 비롯한 여러 국가

2·28민주운동

이승만의 하야 성명 발표 이후 거리에 나선 학생들

와 언론은 등을 돌렸어요. 미국 정부는 공식 기자회견을 통해 이 승만 정부에 대한 우려를 드러내기도 했지요. 결국 물러날 곳이 없어진 이승만은 4월 26일 화요일, 스스로 하야 성명을 발표하고 한 달 만에 한국을 떠나 하와이로 망명해요.

1960년 2월 28일 강제 등교 지시는 3월 15일 선거를 앞두고 야당 부통령 후보가 유세하는 것을 방해하기 위한 정치적 탄압 이었어요. 그 상황에서 자유당 정권의 부정부패와 민주주의 억압에 맞선 사람은 유명한 정치인도, 뛰어난 지식인도 아닌 평범한 고등학생이었어요.

대한민국 역사상 가장 먼저 민주주의를 외친 2·28민주운동의 함성은 전국으로 퍼져 나갔고, 3·15마산의거와 4·19혁명으로 이어졌어요. 대한민국 최초의 민주화 운동인 2·28민주운동은

58년 만인 2018년에 비로소 국가 기념일로 지정되었고, 아직까지도 대구 시내 곳곳에서는 2·28민주운동의 흔적을 어렵지 않게 찾아볼 수 있어요.

K-학생 민주 운동,
맨몸에서 촛불과 응원봉으로

한국의 학생 민주 운동은 시대마다 다른 상징 도구를 사용하여 민주주의 발전에 힘을 보탰어요. 1960년대, 이승만 정권에 저항했던 학생들이 맨몸으로 거리로 나가 저항했다면, 1980년대 군사 정권에 저항했던 학생들은 화염병을 들고 거리로 나섰고, 대학교 곳곳에 정권의 잘못을 따지는 글인 대자보를 붙였어요. 이는 민주주의 열망을 표현하는 학생의 요구이면서 투쟁의 도구였지요.

2014년 세월호 참사 이후에는 노란 리본이 새로운 사회 운동을 대표하는 상징으로 떠올랐어요. 노란 리본은 단순히 희생자를 추모하는 의미를 넘어, 안전한 사회를 만들고 국가의 책임을 묻는 의미로 자리 잡았지요. 학생과 청년은 가슴에 리본을 달거나 온라인에서 노란 리본 이미지를 공유하며 "잊지 않겠다"는 약속과 변화를 바라는 마음을 드러냈어요.

세월호 참사의 연장선에 있는 2016년 박근혜 대통령 탄핵 집회에서는 촛불이 학생을 비롯한 시민 모두의 상징물로 자리매김했어요. 군사 정권 시대의 뜨거운 화염병 대신 시민들은 촛불을 들고 거리로 나섰지요. 작지만 뜨거운 촛불은 평화적 저항과 연대의 상징으로 학생 운동과 시민 운동이 결합하는 계기를 마련했고, 한국을 넘어 세계의 주목을 받았어요.

2024년 윤석열 대통령 퇴진 운동에서는 응원봉과 휴대폰 불빛이 새로운 상징으로 등장했어요. 이는 K팝 문화와 민주주의 운동이 결합한 형태로, 10대 학생이 공연장에서 사용하던 응원봉이 정치적 메시지를 담은 도구로 진화했지요. 이러한 변화는 학생과 청년 세대가 자신의 문화적 언어를 통해 민주주의에 적극적으로 참여하고 나아가 이를 이끌었다는 점에서 큰 의미를 지녀요.

참고 자료

책

강민희, 《who? 루이 브라유》, 다산어린이, 2021

레오 마스부르크, 《우리의 어머니, 마더 데레사》, 민음인, 2010

마가렛 데이비슨, 《루이 브라이》, 다산기획, 1999

마더 테레사, 《모든 것은 기도에서 시작됩니다》, 판미동, 2020

마더 테레사, 《이보다 더 큰 사랑은 없다》, 바오로딸, 2016

말랄라 유사프자이·퍼트리샤 매코믹, 《청소년을 위한 말랄라》, 문학동네, 2014

손홍규, 《청년의사 장기려》, 다산책방, 2012

조영래, 《전태일 평전》, 아름다운전태일, 2020

차은숙, 《루이 브라유》, 두레아이들, 2016

사이트

2·28민주운동기념사업회 홈페이지 www.228.or.kr

전태일 재단 홈페이지 www.chuntaeil.org

사진 출처

33쪽 ⓒAuthor Haragayato; 위키미디어

48쪽 ⓒAuthor John Mathew Smith 2001; 플리커

51쪽 ⓒAuthor Futufit Media Outlet; 위키미디어

64쪽 ⓒAuthor thotfulspot; 위키미디어

70쪽 ⓒAuthor Ginevrajocosa88/이미지 보정; 위키미디어

74쪽 ⓒAuthor Southbank Centre; 위키미디어

78쪽 ⓒAuthor isafmedia; 위키미디어

신문을 뚫고 나온 인권 운동가들

테레사부터 말랄라까지 역사를 바꾼 히어로들

초판 1쇄　2025년 10월 24일

지은이　정종영

펴낸이　김한청
기획편집　원경은 차언조 양선화 양희우 장민기
마케팅　정원식 이진범
디자인　이성아 황보유진
운영　설채린

펴낸곳 도서출판 다른
출판등록 2004년 9월 2일 제2013-000194호
주소 서울시 마포구 동교로 27길 3-10 희경빌딩 4층
전화 02-3143-6478　팩스 02-3143-6479　이메일 khc15968@hanmail.net
블로그 blog.naver.com/darun_pub 인스타그램 @darunpublishers

ISBN 979-11-5633-725-6 44000
　　　979-11-5633-437-8 (세트)

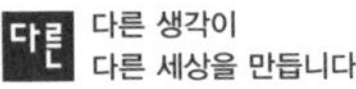